经济法概论习题集

主　　编　焦　娇
参编人员　张春丽　张　斌

復旦大學出版社

内 容 提 要

本书为《经济法概论》教材的配套习题集，是帮助学生加深理解《经济法概论》课程的基本理论、基础知识及灵活运用教材内容的教学辅导书。本习题集不仅可以帮助学生自学和预习教材内容，还能帮助学生复习课堂知识、帮助理解和掌握教材有关重点和难点内容，提高学生的综合运用能力。本书共分四编，计二十个法律制度。由于课程体系结构的原因，教材的内容较多，本习题集从引导学生自学、复习和提高的角度出发，设计了填空题、选择题、名词解释题、简答题、论述题和案例题，每一章后面都附有习题参考答案。每一章习题开始前还设计了每章的重点掌握提示，习题集根据重点提示设计习题，深入浅出地引导学生掌握并灵活运用教材内容。

目　录

第一编　概　　论

第一章　经济法的概念、本质和地位

本章知识重点提示

- 经济法的定义
- 经济法产生的历史必然性
- 经济法的调整对象
- 经济法成为独立法律部门的依据
- 经济法的本质、地位、重要性

一、填空题

1. 经济法作为一个独立的法律部门诞生于________。

2. "经济法"这个概念，是法国空想社会主义者________在1755年出版的________一书中首先提出来的。

3. 1890年，美国国会通过了________，这部法律标志着资本主义国家直接运用法律手段干预经济的开始。

4. 1919年德国颁布了世界上第一部以经济法命名的法________。

5. 经济法的特征是________、________、________。

6. 经济法调整的对象是________，它具体包括________、________、________和________。

7. 经济法在整个法律体系中的地位是________。经济法的本质由________、________、________三个方面的本质属性共同构成。

8. 经济法的基本原则有________、________。

9. 适当干预的正确内涵是________、________。

10. 合理竞争的基本内涵和体现是________、________。

11. 民商法强调意思自治；经济法在尊重意思自治的同时，强调

________。

二、单项选择题

1. 经济法是调整(　　)的法律规范的总称。

A. 经济关系　　B. 国民经济管理关系

C. 经营协调关系　　D. 一定范围的经济关系

2. 准确了解"经济法"这一概念的关键在于(　　)。

A. 明确经济法的特定调整对象　　B. 明确经济法的体系与渊源

C. 明确经济法的制定与实施　　D. 明确经济法的主体

3. 下列社会关系中,属于经济法调整对象的是(　　)。

A. 人身关系

B. 财产继承关系

C. 国家协调国民经济运行中发生的经济关系

D. 民法、行政法等法律部门所调整的各种经济关系

4. 经济法之所以是一个独立的法律部门,是因为(　　)。

A. 经济法的调整方法具有特殊性

B. 经济法的主体具有特殊性

C. 经济法具有特定的调整对象

D. 经济法具有单一的调整对象

三、多项选择题

1. 经济法的特征有(　　)。

A. 经济性　　B. 综合性

C. 意思自治性　　D. 指导性

E. 保障性

2. 经济法的本质由(　　)构成。

A. 社会本位法　　B. 社会改革法

C. 社会保障法　　D. 利益和资源分配法

E. 经济发展法

3. 经济法的调整对象有(　　)。

A. 宏观经济调控关系　　B. 市场运行协调关系

C. 市场主体调控关系　　D. 社会保障关系

E. 由国家协调、干预的经济关系

四、名词解释

1. 经济法
2. 经济关系

五、简答题

1. 简述经济法与行政法的联系与区别。
2. 简述经济法与民商法的区别。
3. 简述经济法的重要作用。

六、论述题

试述经济法的调整对象。

参考答案

一、填空题

1. 20世纪初　2. 摩莱里　《自然法典》　3.《谢尔曼法》　4.《煤炭经济法》　5. 经济性　综合性　指导性　6. 由国家协调、干预的经济关系　宏观经济调控关系　市场运行协调关系　市场主体调控关系　社会保障关系　7. 独立的法的部门　社会本位法　利益和资源分配法　经济发展法　8. 适当干预原则　合理竞争原则　9. 正当干预　谨慎干预　10. 有序竞争　有效竞争　11. 限制意思自治

二、单项选择题

1. D　2. A　3. C　4. C

三、多项选择题

1. ABD　2. ADE　3. ABCDE

四、名词解释

1. 经济法：调整国家协调和干预本国经济运行过程中发生的经济关系

的法律规范的总称。

2. 经济关系：是在物质资料的生产过程中以及与其相适应的交换、分配、消费过程中产生的人与人之间的物质利益关系。

五、简答题

1. 简述经济法与行政法的区别。

答：经济法与行政法的区别在于：

(1) 主体不同。行政法主体的一方是政府及其非经济主管部门，另一方则是下属的行政机关、企事业单位、社会团体和公民；经济法主体包括国家权力机关、行政机关和司法机关；行政法主体则只限于国家行政机关，同时经济法主体一方是国家经济管理部门，另一方是社会经济组织。除此之外，企业内部的管理机构和生产组织不能作为行政法的主体，但它们可以作为经济法的主体。

(2) 调整对象不同。行政法调整社会关系，它所体现的是一种权力从属关系，同时这种关系在大多数情况下是不直接具有经济内容的行政关系；而经济法调整一定范围的经济关系，包括权力从属的不平等主体之间的经济关系和平等主体之间的经济关系。

(3) 调整方法不同。行政法是采取单纯的强制性的办法调整社会关系，而经济法则是采取强制性、指导性和监督性相结合的方法调整社会关系，甚至条件成熟的时候，要把指导性的方法作为主要的调整方法。

(4) 作用不同。行政法着重巩固和发展政治体制改革的成果，为政治体制改革服务；经济法主要是巩固和发展经济体制改革的成果，为经济体制改革服务。

(5) 法律适用的程序不同。属于行政法调整范围内的行政纠纷，由行政复议和行政诉讼程序解决，而由经济法调整范围内的经济和行政纠纷，视问题的不同，分别由民事诉讼程序和行政诉讼程序解决，将来可能由单独的经济诉讼程序解决。

2. 简述经济法与民商法的区别。

答：经济法与民商法的主要区别(要点)：

(1) 民商法强调意思自治；经济法在尊重意思自治的同时，强调限制意思自治。

(2) 民商法强调对所有的市场主体都平等保护；经济法强调对部分市

场主体偏重保护。

（3）民商法侧重微观而经济法侧重宏观。

（4）民商法主要重视经济目标；经济法不仅重视经济目标，而且还重视社会目标和生态目标。

（5）民商法国际通用，强调全球化；经济法有国别特色，突出本土化。

（6）民商法的稳定性较强；经济法的稳定性较弱。

3. 简述经济法的重要作用。

答：经济法的重要作用主要体现在以下几个方面：

（1）促进以公有制为主体的多种所有制经济的发展。

（2）保障经济体制改革的顺利进行。

（3）保证国民经济持续、快速、健康发展。

六、论述题

试述经济法的调整对象。

答：经济法的调整对象是一定范围的经济关系。我国经济法的调整对象是由国家协调、干预的经济关系，具体包括宏观经济调控关系、市场运行协调关系、市场主体调控关系和社会保障关系。

1. 宏观经济调控关系

宏观经济调控关系是指国家对国民经济总体活动和有关国计民生的重大因素，实行全局性协调、干预所产生的经济关系。任何市场都存在因自发调节不能解决的长远的、全局的、社会公共利益的问题，只能由国家调整。宏观经济调控就是国家以直接方法或间接方法，选择经济和社会发展战略目标，调整重大结构和布局，兼顾公平与效率，保护资源与环境，以及建设公共基础设施等，实现经济总量的基本平衡和经济结构的优化，使国民经济持续、快速、健康发展。

2. 市场运行协调关系

市场运行协调关系是国家在建设和完善市场体系、规范市场行为、维护市场秩序中产生的经济关系。

我国经济体制改革的目标是建立和完善社会主义市场经济体制，而市场经济运行过程中必然产生多种经济关系，影响和制约市场经济的健康发展。为了保证市场经济良性、有序发展，国家必须通过法律手段对其进行监督和管理，协调其中的各种关系。

3. 市场主体调控关系

市场主体调控关系是指国家对各类市场主体，特别是企业的设立、变更、终止及内部管理所进行协调、干预而产生的经济关系。对市场主体的协调、干预，就是国家根据社会整体利益需要，通过全面规定市场主体资格条件、法律地位、劳动用工制度等，对市场主体体系进行统筹、规划、调节，既保证其成为自主经营、自负盈亏的合格主体，又保障其交易安全、不受摊派等合法利益。创造市场主体生存、发展的合适空间，促使市场主体内部结构优化、经营机制转变，经济效益提高。

4. 社会保障关系

社会保障关系是指在对作为劳动力资源的劳动者实行社会保障过程中发生的经济关系。建立健全社会保障体系是社会主义市场经济发展的客观必然。经济法对社会保障关系的调整，主要是通过明确劳动者的权利义务，规定并实施劳动就业、社会保险、社会救济、社会互助等制度，保护和合理利用劳动力资源、维护社会安定和劳动者的合法权益。

第二章　经济法律关系

本章知识重点提示

- 经济法律关系的概念
- 经济法律关系的特征
- 经济法律关系的构成要素

一、填空题

1. 经济法律关系的构成要素包括________、________和内容三个方面，其中经济法律关系的内容主要指的是________和________。

2. 经济法律事实按其与经济法主体自觉意志的联系可以分为________和________两大类。

3. 政府及其经济管理机关在行使经济管理职权时依法享有________、________、________等职务上的优惠条件。

二、单项选择题

1. 经济法律关系的内容是(　　)。

A. 经济权力　　B. 经济义务

C. 经济权利　　D. 经济权利和经济义务

2. 经济法律关系是受国家经济法律确认和调整的，由国家强制力保障实施的，具有(　　)内容的社会关系。

A. 经济权利与经济义务　　B. 经济制度与经济权利

C. 经济职责与经济义务　　D. 经济政策与规章制度

3. 经济权力是基于经济管理机关或社会经济团体的地位和职能由经济法赋予并保证其行使经济管理职权的(　　)。

A. 责任　　B. 要求

C. 事实　　D. 资格

4. 经济法律关系主体范围是由(　　)决定的。

A. 调整方法　　B. 相关法律

C. 调整对象的范围　　D. 性质

5. 经济法律关系主体权利义务所指向的对象是(　　)。

A. 主体　　B. 内容

C. 客体　　D. 经济法律事实

6. 经济权力是基于经济管理机关或社会经济团体的地位和职能由经济法赋予并保证其行使经济管理职权的资格,其实质是(　　)。

A. 经济管理职权　　B. 经济权利

C. 经济义务　　D. 国家干预行为

三、多项选择题

1. 经济法律关系具有的特征有(　　　)。

A. 具有意志性　　B. 对经济关系有巨大的作用

C. 独具社会公共的经济管理性　　D. 具有强烈的国家思想性

2. 下列各项中,可以成为经济法律关系客体的有(　　　)。

A. 市场管理行为　　B. 宏观调控行为

C. 能源　　D. 知识产权

3. 下列关于经济法律关系的表述中,正确的是(　　　)。

A. 经济法律关系是通过物而形成的物质利益关系,属于经济基础范畴

B. 经济法律关系是作为经济法调整对象的特定经济关系在法律上的反映

C. 经济法律关系是根据经济法的规定而发生的权利义务关系

D. 经济法律关系是通过人们的意识而发生的思想意志关系,属于上层建筑的范畴

4. 经济法律关系的客体有(　　　)。

A. 经济义务　　B. 财物

C. 经济行为　　D. 智力成果

四、判断题

1. 经济法的主体范围具有多样性的特征,凡可以成为经济法主体者,也可以成为民法的主体。(　　)

2. 作为经济法主体的国家,在经济法律关系中总是处于管理或监督者

的地位。(　　)

3. 经济法律关系主体可以是双方互负权利义务,也可以是一方只享有权利,另一方只承担义务。(　　)

4. 经济关系的客体可以是行为、物、知识产权。(　　)

五、名词解释

1. 经济法律关系

2. 经济法律关系主体

3. 经济法律关系客体

4. 经济法律关系的内容

5. 经济权力

六、简答题

1. 简述经济法律关系主体的特征。

2. 简述经济权力的特征。

3. 简述经济法律关系客体的特征。

4. 简述经济法律关系的特征。

参 考 答 案

一、填空题

1. 主体　客体　经济权利　经济义务　　2. 事件　行为　3. 现行处置权　获得社会协助权　推定有效权

二、单项选择题

1. D　2. A　3. D　4. B　5. C　6. A

三、多项选择题

1. CD　2. AB　3. ABC　4. BCD

四、判断题

1. 错误　2. 错误　3. 错误　4. 正确

五、名词解释

1. 经济法律关系：是指国家机关、社会组织和其他经济实体在参加经济管理过程中和经营协调活动中发生的，由经济法律、法规确认和调整的，并由国家强制力保证其存在和运行的经济权利、经济义务相统一的关系。

2. 经济法律关系主体：即经济法律关系的参与者，是指依法参与经济法律关系，并因此享有经济权利和承担经济义务的政府组织、经济组织和公民。

3. 经济法律关系客体：是指经济法律关系主体的经济权利和经济义务所指向的对象。

4. 经济法律关系的内容：是指经济法律关系主体的经济权利和经济义务，其中，经济权利包含经济权力，即政府和经济管理机关以及社会经济团体在管理中的权力。

5. 经济权力：是基于经济管理机关或社会经济团体的地位和职能由经济法赋予并保证其行使经济管理职权的资格，其实质是经济管理职权。

六、简答题

1. 简述经济法律关系主体的特征。

答：经济法律关系主体具有以下特征：

(1) 政府及其经济管理机关具有主导性。

(2) 经济组织和公民具有独立性。

(3) 主体的法定性。

2. 简述经济权力的特征。

答：(1) 主体的特定性。即行使经济权力的只能是依法成立的经济管理机关或社会团体，其他任何机关或团体无权为之。

(2) 权力的法定性或章程性。对于经济管理机关而言，其经济权力只能是明确法定的；对于社会团体而言其权力则来自成员的约定而表现为他们制定的章程。

(3) 权力行使的积极性。任何权力的行使都具有天生的行使冲动性，因而权力的行使具有积极性。对于经济权力而言，它就是体现国家对经济生活的积极干预。

3. 简述经济法律关系客体的特征。

答：(1) 该行为是同国家干预经济有关的行为，无论是市场管理行为还是宏观调控行为，都是同国家干预有关的行为。

(2) 该行为必须是经济法律、法规规定的行为，这意味着国家的干预行为只能依法进行。

(3) 该行为是经济法律关系主体依照法律、法规所为的行为，这意味着不是任何组织或公民都能成为经济法律关系的客体，它只能是经济法所规定的组织和公民所实施的该法上规定的行为。

4. 简述经济法律关系的特征。

答：(1) 经济法律关系具有强烈的国家思想性。

首先，经济法是主动干预法；其次，经济法好似国家“有形的手”。

(2) 经济法律关系独具社会公共的经济管理性。

首先，经济法律关系是具有经济管理性的社会关系；其次，经济法律关系同时具有社会公共性。

第二编　经济组织法律制度

第一章　公司法律制度

本章知识重点提示

- 公司的定义
- 公司产生的历史
- 公司的种类及区分
- 有限责任公司和股份有限公司的概念
- 有限责任公司与股份有限公司股东的设立条件

一、单项选择题

1. 股份有限公司的设立，应当有(　　)以上的发起人，其中须有过半数的发起人在中国境内有住所。

A. 2人　　B. 3人

C. 5人　　D. 7人

2. 我国《公司法》规定，有限责任公司股东最高人数为(　　)。

A. 21人　　B. 30人

C. 40人　　D. 50人

3. 《公司法》规定，有限责任公司全体股东的首次出资额不得低于注册资本的(　　)。

A. 50%　　B. 30%

C. 20%　　D. 10%

4. 有限责任公司在登记注册后，应向股东签发(　　)。

A. 股票　　B. 产权证书

C. 出资证明书　　D. 股权证明书

5. 《公司法》规定，有限责任公司规模较小，不设董事会的，由(　　)作为公司的法定代表人。

A. 执行董事　　B. 董事长

C. 总经理　　D. 股东会指定的负责人

6. 有限责任公司股东向股东以外的人转让出资，必须征得其他股东(　　)同意。

A. 过半数　　B. 2/3

C. 全体　　D. 1/4

7. 以下不能成为股东的主体是(　　)。

A. 有权代表国家投资的政府部门或机构

B. 企业法人

C. 不具有法人资格的事业单位和社会团体

D. 符合法律规定条件的自然人

8. 有限责任公司股东会的第一次会议的主持人是(　　)。

A. 董事长　　B. 股东会选出的主席

C. 出资最多的股东　　D. 总经理

9. 在我国，股份有限公司注册资本的最低限额是(　　)。

A. 1 000 万元人民币　　B. 3 000 万元人民币

C. 500 万元人民币　　D. 6 000 万元人民币

10. 在股份有限公司募集设立的情况下，发起人认购的股份不得少于公司股份总数的(　　)。

A. 15%　　B. 20%

C. 25%　　D. 35%

11. 在我国公司设立登记中，对公司名称实行(　　)制度。

A. 注册登记　　B. 预先批准

C. 预先核准　　D. 自动生效

12.《公司法》规定，公司合并时，应在法定期限内通知债权人，该法定期限为(　　)。

A. 公司做出合并决议之时起 10 日内

B. 合并各方签订合并协议之日起 10 日内

C. 合并各方主管部门批准之日起 10 日内

D. 公司办理工商登记后 10 日内

13. 股份有限公司的章程是由(　　)制定的。

A. 股东大会　　B. 发起人

C. 创立大会　　D. 全体股东

14. 股份有限公司的法定成立日期为(　　)。

A. 公司设立登记的申请日期　　B. 公司营业执照的签发日期

C. 公司的成立公告日期　　D. 公司登记机关的通知书日期

15. 丰华股份公司与大地批发商城共同投资组建一个娱乐服务中心——华地股份有限公司。依《公司法》的有关规定,华地股份有限公司的注册资本至少应该为(　　)。

A. 500 万元人民币　　B. 30 万元人民币

C. 10 万元人民币　　D. 1 000 万元人民币

16. 日月有限公司经股东会讨论通过,拟向社会公开发行为期 3 年的公司债券,在上报中国证监会审批时被驳回,理由是该公司的净资产未能达到法定最低限额。请问:有限公司在发行公司债券时,净资产应为多少?(　　)

A. 1 000 万元人民币　　B. 3 000 万元人民币

C. 5 000 万元人民币　　D. 6 000 万元人民币

17. 关于高新技术股份有限公司的规定,正确的是(　　)。

A. 发起人以工业产权、非专利技术作价出资的金额不得超过注册资本的 20%

B. 公司发行新股必须在最近 3 年内连续盈利,并可向股东支付股利

C. 申请股票上市,公司的股本总额不得少于人民币 5000 万元

D. 由国务院另行规定

18. 国有独资公司的董事长依照(　　)的方法产生。

A. 公司章程

B. 股东选举

C. 国家机关指派

D. 职工代表大会选举并报政府主管部门批准

19. 股份有限公司发行新股票,下列哪项不符合法律规定(　　)。

A. 为吸引更多的投资,按股票票面价格的 9 折发行

B. 公司的股东有优先购买权

C. 公司连续 3 年盈利,并向股东支付了股利

D. 公司近 3 年的财务会计文件无虚假记录

20. 有限责任公司的股东会进行决议时，对公司修改章程、公司合并与分立、公司解散等特别事项表决时，应采取的方式是（　　）。

A. 以出席股东会的股东 2/3 以上表示同意

B. 以出席股东会的股东所持表决权的 2/3 以上通过

C. 以全体股东所持表决权的 2/3 以上通过

D. 以全体股东的 2/3 以上通过

21.《公司法》规定以超过票面金额发行股票所得的溢价款列入（　　）。

A. 法定公积金　　B. 法定公益金

C. 公司资本　　D. 资本公积金

22. 甲、乙、丙、丁四位投资者设立股份有限公司，甲出资 100 万元，乙出资 200 万元，丙出资 50 万元，根据《公司法》规定，丁至少应出资（　　）。

A. 150 万元　　B. 650 万元

C. 550 万元　　D. 200 万元

23. 有限责任公司某股东欲转让其股权，于 2006 年 2 月 15 日发出书面转让通知，股东李某于 2006 年 3 月 1 日收到该转让通知，李某需要在（　　）之前对该转让事项进行答复，否则视为同意转让。

A. 3 月 15 日　　B. 4 月 15 日

C. 3 月 31 日　　D. 4 月 30 日

24. 某有限责任公司的股东甲拟向公司股东以外的人 A 转让其股权。下列关于甲转让股权的表述中，符合公司法律制度规定的表述是（　　）。

A. 甲可以将其股权转让给 A，无须经其他股东同意

B. 甲可以将其股权转让给 A，但须通知其他股东

C. 甲可以将其股权转让给 A，但须经其他股东的过半数同意

D. 甲可以将其股权转让给 A，但须经其他股东的 2/3 以上同意

25. 下列有关一人有限责任公司的说法错误的是（　　）。

A. 一人有限责任公司可以由一个自然人设立，也可以由一个法人设立

B. 一人有限责任公司的注册资本最低限额为 10 万元，可以分期缴付出资

C. 一人有限责任公司不设立股东会

D. 一个自然人只能投资设立一个一人有限责任公司

26. 公司应当自做出减少注册资本决议之日起（　　）通知债权人，并于（　　）在报纸上公告。债权人自接到通知书之日起（　　）内，未接到通

知书的自第一次公告之日起(　　)内,有权要求公司清偿债务或者提供相应的担保。

A. 10 日内;10 日内;30 日;30 日　　B. 10 日内;30 日内;30 日;45 日

C. 15 日内;15 日内;15 日;30 日　　D. 30 日内;90 日内;15 日;30 日

27. 李某是甲有限责任公司的董事,该公司主要经营汽车销售业务。任职期间,李某代理乙公司从外地采购 5 辆汽车并将其销售给丙公司。甲公司得知这一情况后提出异议。本案应(　　)处理。

A. 李某的行为是自己工作时间以外的行为,与甲公司无关

B. 李某违反竞业禁止义务,其代理乙公司与丙公司签订的销售合同无效,采购的汽车甲公司有优先购买权

C. 李某违反竞业禁止义务,但这并不影响其代理乙公司与丙公司签订的销售合同的效力,因此该销售行为所获得的收益应当归甲公司所有

D. 李某违反竞业禁止义务,但这并不影响其代理乙公司与丙公司签订的销售合同的效力。可是,甲虽然可以获得因该销售行为所获得的收益,却存在被甲公司解聘的可能性

二、多项选择题

1. 以股东对公司所负责任为基础,公司可以分为(　　　)。

A. 无限责任公司　　B. 两合公司

C. 有限责任公司　　D. 股份两合公司

E. 股份有限公司

2. 一般来说,公司在哪种情况下不得分配股利(　　　)。

A. 缴纳所得税之前　　B. 提取法定公积金之前

C. 弥补亏损之前　　D. 公司当年无利润

E. 提取法定公益金之前

3. 各类公司设立的要求不完全相同,但公司的设立必须具备的共同条件是(　　　)。

A. 发起人　　B. 有公司名称

C. 资本　　D. 章程

E. 有公司住所

4. 我国《公司法》所称的公司是指依照本法在中国境内设立的(　　　)。

A. 有限责任公司　　B. 无限责任公司

C. 两合公司　　　　　　　　D. 股份有限公司

E. 股份两合公司

5. 下列有关有限责任公司的说法正确的是(　　　　)。

A. 股东可以向股东以外的人转让出资

B. 股东在公司登记后，不能抽回出资

C. 股东向股东以外的人转让出资，必须征得全体股东的同意

D. 股东向股东以外的人转让出资，在同等条件下，其他股东有优先购买权

E. 股东不得转让出资

6. 根据《公司法》规定，下列人员中不能担任公司监事的人有(　　　　)。

A. 国家公务员　　　　　　　B. 本公司董事

C. 本公司财务负责人　　　　D. 本公司经理

E. 本公司职工代表

7. 国有独资公司的组织机构，下列事项有哪些符合我国公司法的规定？(　　　　)

A. 不设股东会

B. 不设监事会

C. 公司重大事项只能由国家授权的机构和部门决定

D. 董事会行使股东会的部分职权

E. 不设财务负责人

8. 公司解散的原因有(　　　　)。

A. 股东会议决议解散

B. 公司章程规定的营业期限届满

C. 因公司合并或分立而解散

D. 因违法被责令关闭

E. 因破产解散

9. 国有企业改制为股份有限公司时，对国有资产的处理有哪些禁止性规定？(　　　　)

A. 低价折股　　　　　　　　B. 低价出售

C. 无偿分配给个人　　　　　D. 无偿投入

E. 高价出售

10. 股份有限公司的认股人遇有下列哪些情形可以抽回股本？(　　　　)

A. 公司未按期募足股份　　B. 发起人未按期召开创立大会

C. 创立大会决议不设立公司　　D. 发起人未交足股款

E. 未制定公司章程

11. 大地股份有限公司拟减少注册资本，为此，大地公司必须依法实施哪些行为？（　　）

A. 由股东大会做出减少注册资本的决议

B. 公司自做出减资决议之日起 10 日内通知债权人，并于 30 日内在报纸上至少公告 3 次

C. 公司必须给公司的全体债权人提供担保

D. 公司应当在做出减资决议之日起 90 日后变更登记

E. 不得减少注册资本

12. 日本一个股份有限公司拟在我国北京设立一个办事处，下列行为中哪些不符合我国《公司法》的规定？（　　）

A. 该日本公司为了其驻京办事处开展业务方便，其名称中没有标明日本国籍

B. 该日本公司指定了办事处的代表人

C. 该办事处不因其日本公司破产而终止在中国境内的经营活动

D. 该办事处因业务活动而引起的债务，仅以办事处的财产承担责任

E. 该办事处应取得中国法人资格

13. 一有限责任公司，经股东大会决议，决定变更公司类型为股份有限公司。其律师在审查发起人拟订的方案时，提出以下建议，哪些建议符合法律规定？（　　）

A. 发起人有 4 人，符合法定人数

B. 新公司注册资本只有 400 万元，未达到法定最低限额

C. 新公司设股份 100 万股，拟对外募集 70 万股，高于法定的比例限制

D. 原公司现有资产总额 500 万元，负债 200 万元。各发起人仅以原公司资产作为出资，尚未达到最低资本限额

E. 若发起人均为全民所有制企业，则 4 人可以发起设立股份有限公司

14. 一个外国公司驻沪办事处的以下行为中，哪些违反了我国《公司法》的规定？（　　）

A. 未制定该外国公司的章程

B. 办事处在与我国雇员签订的劳动合同中约定，雇员对办事处的任何

请求，不得诉及该外国公司

C. 办事处在该外国公司被所在国宣告破产后，仍继续在中国从事经营活动

D. 该外国公司撤销该办事处时，先将其资金汇出中国境外，而后办理清算手续

15. 有关股份有限公司募集设立的说法，以下正确的有（　　）。

A. 必须经过两道批准程序：一是经国务院授权的部门或省级人民政府批准设立公司；二是经国务院证券管理部门批准向社会公开募集股份

B. 必须签订两个协议：一是同证券经营机构签订承销协议；二是同银行签订代收股款的协议

C. 发行股份完成后，应当持验资证明和其他文件办理公司设立登记，登记完成，取得营业执照后，应当召开公司创立大会

D. 公司创立大会召开时，如果出席人员所代表的股份不足公司股份总数的 1/2，则会议不得举行

16. 股东的出资方式有（　　）。

A. 美元　　B. 商标权

C. 专利权　　D. 土地所有权

E. 机器设备

17. 公司章程是关于公司组织及其活动的基本规章。按照我国《公司法》规定，下列各项中，受公司章程约束的有（　　）。

A. 公司　　B. 公司的股东

C. 公司的董事　　D. 公司的高级管理人员

18. 某有限责任公司注册资本为 100 万元，股东人数为 4 人，董事会成员为 9 人，监事会成员为 3 人。该公司出现下列情形应当召开临时股东会的是（　　）。

A. 出资额为 8 万元的股东提议召开

B. 未弥补的亏损为 35 万元

C. 4 名董事提议召开

D. 监事会提议召开

19. 下列各项中，应由国有独资公司董事会作出决议的是（　　）。

A. 发行公司债券

B. 与另一国有独资公司合并

C. 审议批准公司的利润分配方案

D. 决定公司内部管理机构的设置

20. 某股份有限公司的董事会由 11 人组成，其中董事长 1 人，副董事长 2 人。该董事会某次会议发生的下列行为不符合《公司法》规定的有(　　)。

A. 因董事长李某不能出席会议，董事长指定一位副董事长孙某主持该次会议

B. 通过了增加公司注册资本的决议

C. 通过了解聘公司现任经理，由副董事长孙某兼任经理并给予年薪 20 万元的决议

D. 会议所有决议事项载入会议记录后，由主持会议的副董事长孙某签名存档

21. 根据公司法律制度的规定，A 有限责任公司的下列事项中，属于公司解散事由的是(　　)。

A. A 公司章程规定的营业期限届满

B. A 公司被 B 公司吸收合并

C. 经代表 2/3 以上表决权的股东同意，A 公司股东会通过了解散公司的决议

D. A 公司成立后无正当理由自行停业连续 6 个月以上

22. 下列关于一人有限责任公司的说法，正确的有(　　)。

A. 一人有限责任公司是指只有一个自然人股东的有限责任公司

B. 一个自然人只能投资设立一个一人有限责任公司

C. 一人有限责任公司的股东不能证明公司财产独立于股东自己财产的，应当对公司债务承担连带责任

D. 一人有限责任公司的注册资本最低限额为人民币五万元

23. 下列选项中，在 2006 年 11 月不得担任公司董事、监事、高级管理人员的有(　　)。

A. 甲因贿赂罪，2002 年被判 4 年徒刑

B. 乙擅长经营管理，现为工商局长

C. 丙于 1999 年 10 月到某企业任厂长，该企业因 2001 年 11 月的违法行为被工商机关吊销营业执照

D. 丁因妻子炒股失败借款15万元到期未清偿

24. 某股份有限公司的董事会由13名董事组成，该董事会在一次董事会会议上的下列行为中(　　　　)行为违反了《公司法》的规定。

A. 因一名副董事长生病无法按时出席董事会会议，因会议将讨论与法律有关的问题，便写出书面的授权委托书，委托其律师代为出席并代为表决

B. 该次董事会会议通过了增加公司注册资本的决议

C. 该次会议的所有决议事项均记载在会议记录中，会后，主持会议的董事长和记录员签名存档

D. 该次会议在表决时，要求董事会作出的决议，必须经全体董事的过半数通过

25. 根据《公司法》的规定，公司不得收购本公司的股份，但是，有下列情形之一的除外(　　　　)。

A. 减少公司注册资本

B. 与持有本公司股份的其他公司合并

C. 将股份奖励给本公司职工

D. 股东因对股东大会作出的公司合并、分立决议持异议，要求公司收购其股份的

三、判断题

1. 我国对公司名称的登记管理实行预先核准制度。公司在申请设立登记以前，都必须首先申请名称预先核准。(　　)

2. 以工业产权、非专利技术作价出资的金额，不得超过有限责任公司注册资本的20%。有限责任公司股东会是公司的权力机构，董事会是执行机构。(　　)

3. 有限责任公司不得向社会发行股票。(　　)

4. 有限责任公司可以自行决定设立董事会或者不设立董事会而只设立1名执行董事。(　　)

5. 出资证明书是有限责任公司股东出资的凭证，它属于有价证券，可以流通。(　　)

6. 有限责任公司的出资转让受限制，不得在市场上公开交易。(　　)

7. 有限责任公司的出资转让有严格限制，但是在规定的条件下可以撤资。(　　)

8. A与B均为国有企业，经协商决定共同出资设立一家国有独资的有限责任公司。（　　）

9. 公司都可以采取募集方式设立。（　　）

10. 股份有限公司的股东可以以货币、实物、工业产权、非专利技术和土地使用权出资。（　　）

11. 股份有限公司的经理是公司的法定代表人，由全体董事出席的董事会过半数选举产生。（　　）

12. 职工代表大会这种民主管理制度，在《公司法》中只适用于国有独资公司。（　　）

13. 股份有限公司的章程的制定者为发起人，而不是公司全体股东。（　　）

14. 股东人数较少，规模较小的股份有限公司可以不设股东会、监事会。（　　）

15. 分公司独立从事生产经营活动，但其民事责任由总公司承担。（　　）

16. 分公司可以具有法人资格，也可以不具有法人资格。（　　）

17. 公司的设立分为发起设立和募集设立两种。（　　）

18. 外国公司的分支机构是其公司的组成部分，不具有中国法人资格。（　　）

19.《公司法》规定，凡是公司都可以发行公司债券。（　　）

20. 公司在弥补亏损和提取法定公积金、法定公益金之前，向股东分配利润不符合《公司法》的规定。（　　）

四、名词解释

1. 公司
2. 有限责任公司
3. 股份有限公司
4. 国有独资公司
5. 上市公司
6. 公司债券
7. 可转换债券
8. 股份有限公司的募集设立

五、简答题

1. 简述有限责任公司的设立条件。
2. 简述股份有限公司设立的条件。
3. 简述公司董事、监事及经理的任职资格限制。
4. 简述有限责任公司股东会的职权。
5. 简述董事会的职权。
6. 简述监事会的职权。
7. 简述《公司法》对董事、高级管理人员行为的禁止性规定。
8. 简述发行公司债券的条件。
9. 简述公司股票上市的条件。

六、案例题

案例1 某市甲、乙、丙三家企业经协商决定共同投资设立一家从事生产经营的公司。甲、乙、丙三方经协商订立了发起人协议。协议规定：公司的组织形式为有限责任公司，公司名称为华美实业公司；公司注册资本为150万元；其中甲出资120万元，乙出资20万元，丙出资10万元(其中甲以一项非专利技术出资，该专利技术作价为110万元)等。所有筹备事项完成后，3家企业委托甲办理设立公司的申请登记手续。

甲带着有关证件到当地工商行政管理局申请公司设立登记。工商行政管理部门指出申请人在某些方面存在着不符合法律规定的地方，要当事人予以纠正后才能实行登记。经甲、乙、丙三方协商后，对不合法的事项依法进行了改正。2006年10月10日，该工商行政管理局于公司登记后向申请人签发了《企业法人营业执照》。

营业执照虽然领到手了，但甲认为，公司成立应当公告，否则不能成立。于是，公司于同年10月25日对华美公司的成立进行了公告，并对外声称：华美公司的成立日为2006年10月25日。

试问：本案例中，

(1) 工商行政管理局指出的申请人有不符合法律规定的地方表现在哪些方面？为什么不符合法律规定？理由是什么？

(2) 认为华美公司成立应当公告，此观点是否正确？为什么？

(3) 华美公司成立的日期应当是哪一天？

案例 2 某股份有限公司以募集方式设立，其总股本为 1 亿股，每股面值为 1 元。其中，发起人股份为 2 000 万股，占总股本的 20%，向社会公众募集的股份占总股本的 80%。此外，发起人以工业产权作价出资，占注册资本的 30%，同时，公司向社会公众发行的股票的价格定为 1.3 元/股，由此产生的溢价发行收入，公司拟以红利的形式发给发起人。试问：

(1) 上述有哪些地方不符合法律规定？

(2) 为什么？

案例 3 某有限责任公司拟任命有经营头脑的李进担任公司的董事，但股东黄勤提出反对意见，因为李进目前在工商局担任副处长，是国家的公务员；股东林华认为李进才华出众，极富经营头脑，还有半年就退休了，现在工作不是很忙，完全可以胜任董事的职务。另外，该有限责任公司董事蒋林在担任该公司董事期间，还与高中同学合伙成立了合伙企业经营与该有限责任公司相同的产品，获得个人收益 30 万元。股东黄勤一直对公司的经营管理业绩不太满意，想抽回出资或者悄悄将自己持有的出资份额转让给一直想投资实业的同学。试问：

(1) 李进是否可以担任公司的董事？

(2) 蒋林董事是否可以成立合伙企业与该有限责任公司竞争？

(3) 30 万元收益如何处理？

(4) 股东黄勤是否可以实现自己的想法？

案例 4 甲、乙、丙三人共同投资设立了好运来有限责任公司，公司章程规定：如果股东认为有限责任公司的经营不令其满意，可以抽回其出资或将其出资转让给股东以外的其他人。公司成立后，经营业绩一直不理想，因此乙在没有通知甲、丙的情况下准备将出资份额转让给丁，甲认为不能转让，但乙坚持认为其转让出资份额给第三人是公司章程赋予股东的权利。鉴于甲提出异议，乙为了避免大家关系紧张，又提出抽回出资的要求，丙认为这一要求是受公司章程保护的，应予支持。甲认为公司章程规定的内容不好，使公司的经营很被动，马上修改了公司章程。试问：

(1) 甲认为乙未通知其他股东便转让出资份额给第三人的行为是无效的看法是否正确？

(2) 丙认为乙抽回出资的行为受公司章程的保护的看法是否正确？

(3) 甲迅速修改公司章程的行为是否合适？

参 考 答 案

一、单项选择题

1. A　2. D　3. C　4. C　5. A　6. A　7. C　8. C　9. C　10. D　11. C　12. A　13. B　14. B　15. A　16. D　17. D　18. C　19. A　20. C　21. D　22. A　23. C　24. C　25. B　26. B　27. C

二、多项选择题

1. ABCDE　2. ABCDE　3. ABCDE　4. AD　5. ABD　6. ABCD　7. ACD　8. ABCDE　9. ABC　10. ABC　11. ABD　12. ACDE　13. ABCDE　14. ABCD　15. ABD　16. ABCE　17. ABCD　18. BCD　19. CD　20. BD　21. ABCD　22. BC　23. ABD　24. ABC　25. ABCD

三、判断题

1. 正确　2. 错误　3. 正确　4. 正确　5. 错误　6. 正确　7. 错误　8. 错误　9. 错误　10. 正确　11. 错误　12. 正确　13. 正确　14. 错误　15. 正确　16. 错误　17. 错误　18. 正确　19. 错误　20. 正确

四、名词解释

1. 公司：公司是企业法人，有独立的法人财产，享有法人财产权。公司以其全部财产对公司的债务承担责任。

2. 有限责任公司：是指由两个以上股东的共同出资，股东以其出资额为限对公司债务承担责任，公司以其全部资产为限对公司的债务承担有限责任的公司。

3. 股份有限公司：是指公司的全部资本分为等额股份，股东以其所持股份为限对公司债务承担责任，公司以其全部资产为限对公司债务承担责任的公司。

4. 国有独资公司：是指国家授权投资的机构或者国家授权的部门单独投资设立的有限责任公司。

5. 上市公司；是指所发行的股票经国务院授权证券管理部门批准在证券交易所上市的股份有限公司。

6. 公司债券：是指公司依照法定程序发行的，约定在一定期限还本付息的有价证券。

7. 可转换债券：是指上市公司发行的，可依一定条件转换为股票的债券。

8. 股份有限公司的募集设立：是指由发起人认购公司应发行股份的一部分，其余部分向社会公开募集而设立公司的一种设立方式。

五、简答题

1. 简述有限责任公司的设立条件。

答：设立有限责任公司应当具备以下条件：

(1) 股东符合法定人数。有限责任公司由50个以下股东出资设立。

(2) 股东出资达到法定资本最低限额。有限责任公司的注册资本为在公司登记机关登记的全体股东认缴的出资额。公司全体股东的首次出资额不得低于注册资本的20%，也不得低于法定的注册资本最低限额，其余部分由股东自公司成立之日起两年内缴足；其中投资公司可以在5年内缴足。有限责任公司注册资本的最低限额为人民币3万元。

(3) 股东共同制定公司章程，股东应当在公司章程上签名、盖章。

(4) 有公司名称，建立符合有限责任公司要求的组织机构。

(5) 有公司住所，公司应当以其主要办事机构所在地为住所。

2. 简述股份有限公司设立的条件。

答：根据我国《公司法》的规定，设立股份有限公司应当具备以下条件：

(1) 发起人符合法定人数。股份有限公司的设立，应当有两人以上200人以下的发起人，其中须有过半数的发起人在中国境内有住所。

(2) 发起人认购和募集的股本达到法定资本最低限额。股份有限公司注册资本的最低限额为人民币500万元。

(3) 股份发行、筹办事项符合法律规定。

(4) 发起人制定公司章程，采用募集方式设立的经创立大会通过。

(5) 有公司名称，建立符合股份有限公司要求的组织机构。

(6) 有公司住所。

3. 简述公司董事、监事及经理的任职资格限制。

答：根据《公司法》第147条的规定，以下5种人不能担任有限责任公司的董事、监事及经理：

(1) 无民事行为能力人或限制民事行为能力人。

(2) 因犯有贪污、贿赂、侵占财产、挪用财产罪或者破坏社会经济秩序罪，被判处刑罚，执行期满未逾5年；或者因犯罪被剥夺政治权利，执行期满未逾5年的人。

(3) 担任因经营管理不善而破产清算的公司、企业的董事或厂长、经理并对该公司、企业的破产负有个人责任的，自公司、企业破产清算完结之日起未逾3年的人。

(4) 担任因违法被吊销营业执照的公司、企业的法定代表人，并负有个人责任的，自该公司、企业被吊销营业执照之日起未逾3年的人。

(5) 个人所负数额较大的债务，到期未清偿的人。

此外，国家公务员不得兼任公司的董事、监事和经理；本公司的董事、监事、经理和财务负责人不得担任公司的监事。

4. 简述有限责任公司股东会的职权。

答：(1) 决定公司的经营方针和投资计划。

(2) 选举和更换非由职工代表担任的董事、监事，决定有关董事、监事的报酬事项；

(3) 审议批准董事会的报告。

(4) 审议批准监事会或者监事的报告。

(5) 审议批准公司的年度财务预算方案、决算方案。

(6) 审议批准公司的利润分配方案和弥补亏损方案。

(7) 对公司增加或者减少注册资本做出决议。

(8) 对发行公司债券做出决议。

(9) 对公司合并、分立、解散、清算或者变更公司形式做出决议。

(10) 修改公司章程。

(11) 公司章程规定的其他职权。

5. 简述董事会的职权。

答：(1) 召集股东会会议，并向股东会报告工作。

(2) 执行股东会的决议。

(3) 决定公司的经营计划和投资方案。

(4) 制定公司的年度财务预算方案、决算方案。

(5) 制定公司的利润分配方案和弥补亏损方案。

(6) 制定公司增加或者减少注册资本以及发行公司债券的方案。

(7) 制定公司合并、分立、解散或者变更公司形式的方案。

(8) 决定公司内部管理机构的设置。

(9) 决定聘任或者解聘公司经理及其报酬事项,并根据经理的提名决定聘任或者解聘公司副经理、财务负责人及其报酬事项。

(10) 制定公司的基本管理制度。

(11) 公司章程规定的其他职权。

6. 简述监事会的职权。

答:《公司法》第 54 条规定,监事会、不设监事会的公司的监事行使下列职权:

(1) 检查公司财务。

(2) 对董事、高级管理人员执行公司职务的行为进行监督,对违反法律、行政法规、公司章程或者股东会决议的董事、高级管理人员提出罢免的建议。

(3) 当董事、高级管理人员的行为损害公司的利益时,要求董事、高级管理人员予以纠正。

(4) 提议召开临时股东会会议,在董事会不履行本法规定的召集和主持股东会会议职责时召集和主持股东会会议。

(5) 向股东会会议提出提案。

(6) 依照本法第一百五十二条的规定,对董事、高级管理人员提起诉讼。

(7) 公司章程规定的其他职权。

7. 简述《公司法》对董事、高级管理人员行为的禁止性规定。

答:根据我国《公司法》第 149 条的规定,董事、高级管理人员不得有下列行为:

(1) 挪用公司资金。

(2) 将公司资金以其个人名义或者以其他个人名义开立账户存储。

(3) 违反公司章程的规定,未经股东会、股东大会或者董事会同意,将公司资金借贷给他人或者以公司财产为他人提供担保。

(4) 违反公司章程的规定或者未经股东会、股东大会同意，与本公司订立合同或者进行交易。

(5) 未经股东会或者股东大会同意，利用职务便利为自己或者他人谋取属于公司的商业机会，自营或者为他人经营与所任职公司同类的业务。

(6) 接受他人与公司交易的佣金归为己有。

(7) 擅自披露公司秘密。

(8) 违反对公司忠实义务的其他行为。

董事、高级管理人员违反前款规定所得的收入应当归公司所有。

8. 简述发行公司债券的条件。

答：根据我国《证券法》第16条的规定，公司发行债券的条件如下：

(1) 股份有限公司的净资产不低于人民币三千万元，有限责任公司的净资产不低于人民币六千万元。

(2) 累计债券余额不超过公司净资产的百分之四十。

(3) 最近三年平均可分配利润足以支付公司债券一年的利息。

(4) 筹集的资金投向符合国家产业政策。

(5) 债券的利率不超过国务院限定的利率水平。

(6) 国务院规定的其他条件。

9. 简述公司股票上市的条件。

答：我国《证券法》第50条规定，股份有限公司申请股票上市，应当符合下列条件：

(1) 股票经国务院证券监督管理机构核准已公开发行。

(2) 公司股本总额不少于人民币三千万元。

(3) 公开发行的股份达到公司股份总数的百分之二十五以上；公司股本总额超过人民币四亿元的，公开发行股份的比例为百分之十以上。

(4) 公司最近三年无重大违法行为，财务会计报告无虚假记载。

证券交易所可以规定高于前款规定的上市条件，并报国务院证券监督管理机构批准。

六、案例题

案例1 答：(1) 本案中，按照我国《公司法》有关有限责任公司的规定：依法设立的有限责任公司必须在公司的名称中标明有限责任公司的字样；另外，依照《公司法》规定，全体股东的货币出资金额不得低于有限责任公司注册资本的百分之三十。根据以上规定,我们可以看出,申请人在公司名称及发起人的出资方面存在着不合法的地方。

因为,发起人在协议中规定:公司的名称为华美实业公司,而非华美有限责任公司;甲以非专利技术出资,该专利技术作价为110万元,实际货币出资只有40万元,低于法定的30%的规定。

(2) 认为华美公司(有限责任公司)的成立应当公告,此种观点是不正确的。因为我国《公司法》规定:股份有限公司成立后应当予以公告,而并没有要求有限责任公司在成立后必须进行公告,所以,华美公司的成立并不是以其公告期为准。

(3) 华美公司成立的日期应当是其当地工商行政管理局签发营业执照的日期,即2006年10月10日。因为,《公司法》规定有限责任公司的成立并不以其公告为必须,所以按照有关规定,工商行政管理局签发营业执照的日期为有限责任公司成立的日期。

案例2 答:(1) 发起人认购的股份不得少于公司总股本的35%(只占20%)。

(2) 同次发行的股票的价格必须是同股同权、同股同利(价格不一致:1.00元和1.30元)。

(3) 溢价发行的收入,只能纳入资本公积金,不能以红利的形式发给发起人。

案例3 答:(1) 李进不可以担任该有限责任公司的董事。

因为我国《公司法》对公司高级管理人员有严格的任职资格限制。根据《公务员法》的规定,公务员不得从事或者参与营利性活动,在企业或者其他营利性组织中兼任职务。

(2) 董事蒋林不可以成立合伙企业与其任职的有限责任公司竞争。

因为其这样的行为违反了《公司法》规定的董事的竞业禁止的义务。竞业禁止是指在公司担任特定职务,负有特定职责的人不得自营或与他人经营与任职公司营业范围相同或类似的交易活动,如果允许他们与本公司进行竞争,公司和股东的利益就有可能受到损害,也与基本的商业道德不相吻合。

(3) 董事蒋林的30万元收益应归公司所有。

《公司法》第149条规定:"董事、高级管理人员不得有下列行为:① 挪用公司资金;② 将公司资金以其个人名义或者以其他个人名义开立账户存储；③ 违反公司章程的规定，未经股东会、股东大会或者董事会同意，将公司资金借贷给他人或者以公司财产为他人提供担保；④ 违反公司章程的规定或者未经股东会、股东大会同意，与本公司订立合同或者进行交易；⑤ 未经股东会或者股东大会同意，利用职务便利为自己或者他人谋取属于公司的商业机会，自营或者为他人经营与所任职公司同类的业务；⑥ 接受他人与公司交易的佣金归为己有；⑦ 擅自披露公司秘密；⑧ 违反对公司忠实义务的其他行为。董事、高级管理人员违反前款规定所得的收入应当归公司所有。”

(4) 股东黄勤的想法不能实现。

因为公司成立后，为了保证公司资本的充足，股东不能抽回出资。虽然股东转让自己的出资份额是允许的，但有限责任公司的股份转让却受到法律的一定限制。《公司法》第 72 条规定，有限责任公司的股东之间可以相互转让其全部或者部分股权。股东向股东以外的人转让股权，应当经其他股东过半数同意。股东应就其股权转让事项书面通知其他股东征求同意，其他股东自接到书面通知之日起满三十日未答复的，视为同意转让。其他股东半数以上不同意转让的，不同意的股东应当购买该转让的股权；不购买的，视为同意转让。经股东同意转让的股权，在同等条件下，其他股东有优先购买权。两个以上股东主张行使优先购买权的，协商确定各自的购买比例；协商不成的，按照转让时各自的出资比例行使优先购买权。公司章程对股权转让另有规定的，从其规定。因此，股东黄勤的想法不能成立。

案例 4 答：(1) 甲认为乙未通知其他股东便转让出资份额给第三人的行为是无效的看法是正确的。

尽管公司章程规定：“如果股东认为有限责任公司的经营不令其满意，可以抽回其出资或将其出资转让给股东以外的其他人。”但章程条款的内容不能与《公司法》的强制性规定相违背，如果与《公司法》的强制性规定冲突的话，则该章程条款无效。

根据《公司法》第 72 条规定：“股东之间可以相互转让其全部出资或者部分出资。股东向股东以外的人转让其出资时，必须经全体股东过半数同意；不同意转让的股东应当购买该转让的出资，如果不购买该转让的出资，视为同意转让。经股东同意转让的出资，在同等条件下，其他股东对该出资有优先购买权。两个以上股东主张优先购买权的，协商确定各自的购买比例；协商不成的，按照转让时各自的出资比例行使优先购买权。”可知公司章程规定的股东有权不经通知即可转让股权的章程条款是与法律相违背的，是无效的。因此乙不能依据无效的章程条款来行使自己的权利。

(2) 丙认为乙抽回出资的行为受公司章程的保护的看法是不正确的。

尽管公司章程规定了股东可以抽回出资，尽管公司章程对公司、股东有约束力，但公司章程的条款不得违反法律、法规的强制性规定，根据《公司法》第 36 条“公司成立后，股东不得抽逃出资”的规定，公司章程允许股东抽回出资的条款是无效条款，乙不能依据无效章程条款行事。因此，丙认为乙抽回出资的行为受公司章程的保护的看法是不正确的。

(3) 甲迅速修改公司章程是不合适也不合法的。

因为公司章程关系到公司的发展和股东的利益，其修改应有严格的条件和程序限制，甲作为股东之一不能任意修改公司章程。《公司法》第 44 条规定，股东会会议作出修改公司章程、增加或者减少注册资本的决议，以及公司合并、分立、解散或者变更公司形式的决议，必须经代表三分之二以上表决权的股东通过。因此，甲的行为是不合法的。

第二章　合伙企业法律制度

本章知识重点提示

- 合伙企业的概念
- 合伙人的无限连带责任
- 设立合伙企业在人数上的限制
- 我国对合伙企业合伙人资格的限制
- 合伙企业依法应当解散的情形

一、填空题

1. 合伙企业，是指自然人、法人和其他组织依照《中华人民共和国合伙企业法》在中国境内设立的________和________。

2. 合伙协议依法由全体合伙人协商一致、以________形式订立。

3. 合伙企业的生产经营所得和其他所得，按照国家有关税收规定，由合伙人分别缴纳________。

4. ________、________、上市公司以及公益性的事业单位、社会团体不得成为普通合伙人。

5. 合伙协议未约定或者约定不明确的事项，由________协商决定；协商不成的，依照本法和其他有关________、________的规定处理。

6. 普通合伙企业名称中应当标明________字样。

7. 合伙人以实物、知识产权、土地使用权或者其他财产权利出资，需要评估作价的，可以由________协商确定，也可以由全体合伙人委托________评估。合伙人以劳务出资的，其评估办法由________协商确定，并在________中载明。

8. 合伙人向合伙人以外的人转让其在合伙企业中的财产份额的，在同等条件下，其他合伙人有________；但是，________另有约定的除外。

9. 合伙人以其在合伙企业中的财产份额出质的，须经其他合伙人________；未经其他合伙人一致同意，其行为________，由此给善意第三人造成损失的，由行为人依法承担赔偿责任。

10. 合伙企业的利润分配、亏损分担，按照________的约定办理；合伙协议未约定或者约定不明确的，由合伙人协商决定；协商不成的，由合伙人按照________分配、分担；无法确定出资比例的，由合伙人________分配、分担。

11. 合伙企业不能清偿到期债务的，合伙人承担________责任。

12. 新合伙人入伙，除合伙协议另有约定外，应当经全体合伙人________，并依法订立________协议。入伙的新合伙人与原合伙人享有同等权利，承担________。入伙协议另有约定的，从其约定。

13. 以专业知识和专门技能为客户提供有偿服务的专业服务机构，可以设立为________企业。

14. 合伙人在执业活动中非因故意或者重大过失造成的合伙企业债务以及合伙企业的其他债务，由全体合伙人承担________。

15. 特殊的普通合伙企业应当建立________基金、办理________。

16. 有限合伙企业由________个以上________个以下合伙人设立；但是，法律另有规定的除外。有限合伙企业至少应当有一个________。

17. 有限合伙人可以用货币、实物、________、土地使用权或者其他________作价出资。不得以________出资。

18. 有限合伙人可以________或者同他人________与本有限合伙企业相竞争的业务；但是，________另有约定的除外。

19. 有限合伙企业仅剩有限合伙人的，应当________；有限合伙企业仅剩普通合伙人的，转为________。

20. 合伙企业未在其名称中标明________、________或者“有限合伙”字样的，由企业登记机关责令限期改正，处以二千元以上一万元以下的罚款。

二、单项选择题

1. 关于退伙，下列命题中正确的是（　　）。

A. 退伙时，合伙企业有未了结的事务的，对该笔事务带来的资产变动不进行结算

B. 退伙人入伙时投入的不动产必须原物退还

C. 退伙前已经发生的债务若在退伙时没有结清，退伙后不再承担责任

D. 合伙人死亡的，其继承人经全体合伙人同意，可以成为合伙人

2. 甲、乙、丙按照合伙协议共同出资设立合伙企业，甲任合伙企业事务执行人。依照我国《合伙企业法》的规定，关于合伙人对合伙企业承担的责任的正确表述是(　　)。

A. 全体合伙人对企业债务均承担有限责任

B. 甲作为合伙企业事务执行人对企业债务承担无限责任，其他合伙人对企业债务承担有限责任

C. 合伙人对企业债务的责任的承担应由合伙协议约定

D. 全体合伙人对企业债务均承担无限连带责任

3. 合伙企业解散后，原普通合伙人对合伙企业存续期间的债务承担的连带责任持续的时间期限为(　　)。

A. 1年　　B. 2年

C. 4年　　D. 无期限规定

4. 合伙企业清算时，清算人可以从下列命题(　　)中产生。

A. 经全体合伙过半数同意，自合伙企业解散后15日内指定一名合伙人担任

B. 合伙企业解散后15日内未能确定清算人的，由工商行政机关指定清算人

C. 由人民法院委托清算人

D. 由原合伙企业事务执行人担任

5. 普通合伙企业对其债务应首先以(　　)进行清偿。

A. 合伙人的财产　　B. 合伙企业的固定资产

C. 合伙企业的全部财产　　D. 合伙企业的流动资金

6. 下列人员可以成为合伙企业的合伙人的是(　　)。

A. 国家公务员　　B. 法官

C. 年满18周岁的中国人　　D. 年满20周岁的美国人

三、多项选择题

1. 合伙企业的普通合伙人不能是(　　　　)。

A. 股份有限公司　　B. 有限责任公司

C. 国有独资公司　　D. 上市公司

E. 外国人

2. 普通合伙企业的合伙人可以出资的方式有(　　　　)。

A. 实物　　　　　　　　　　B. 知识产权

C. 劳务　　　　　　　　　　D. 土地使用权

E. 货币

3. 普通合伙企业有下列情形之一的，应当解散(　　　)。

A. 合伙目的无法达到　　　　B. 合伙协议约定的解散事由出现

C. 合伙人只剩下3个人　　　D. 过半数的合伙人同意解散

E. 任何一个合伙人要求解散

4. 下列事项必须经过全体合伙人同意的是(　　　)。

A. 处分合伙企业的不动产

B. 聘任合伙人以外的人担任合伙企业的经营管理人员

C. 对外签订买卖合同

D. 改变合伙企业的名称

E. 新人入伙

5. 下列情形中，合伙人属于当然退伙(　　　)。

A. 合伙人王某失踪4年，被法院依法宣告死亡

B. 合伙人孙某因受刺激精神失常，被法院依法宣告为无民事行为能力人

C. 合伙人李某因在执行合伙事务时侵占合伙企业财产被查实

D. 合伙人钱某因吸毒吸光财产并欠有巨额外债

E. 合伙人赵某下落不明，被法院依法宣告失踪

6. 我国《合伙企业法》所调整的合伙是(　　　)。

A. 有限合伙　　　　　　　　B. 隐名合伙

C. 无限合伙　　　　　　　　D. 合伙联营

四、名词解释

1. 合伙企业

2. 普通合伙企业

3. 有限合伙企业

五、简答题

1. 简述合伙企业的设立条件。

2. 简述合伙企业解散的条件。

3. 简述普通合伙企业的哪些事项应当经全体合伙人一致同意。

4. 简述普通合伙人的竞业禁止规定。

5. 简述普通合伙企业与第三人的关系。

6. 简述有限合伙人的哪些行为，不视为执行合伙事务。

六、案例

案例 1　胡军、董光和黄明于 2006 年 3 月分别出资 5 000 元、10 000 元和 15 000 元设立合伙企业春光美食饭店，3 人约定按出资比例分享利润和分担亏损。2006 年 12 月，饭店经营利润为 9 000 元，由 3 人按比例进行了分配。2007 年 8 月后，董光因为出国，抽走了自己的 10 000 元出资，在未得到其他两人同意的情况下，声明退伙。胡军、黄明经清查账目，发现饭店此时已经亏损 3 000 元，饭店继续经营，到了 2007 年 10 月亏损达到 5 000 元。此时胡、黄两人经协商，宣告该合伙企业解散，两人分别得到了 4 000 元和 2 000 元的商品，但两人对合伙企业债务未做处理。企业的债权人望月食品公司得知合伙企业已经解散的消息，便找到董光索取 5 000 元欠款，董声称自己已经退出合伙企业，对企业债务不承担责任。食品公司又找到胡军，胡军说 3 人按比例分摊债务，自己的投资占企业的 1/6，所以只能负责赔偿公司的部分债务。食品公司只好找到黄明，要求黄明对债务进行清偿，黄认为，还债应该是 3 个人的事，3 个人都应当对公司债务承担责任，但其他两人都不还，自己也不还，即使要还，也只能用合伙企业分得的商品进行偿还。在这种情况下，食品公司只好向法院起诉。请问：

(1) 根据我国《合伙企业法》的规定，本案中，董军的退伙行为是否合法？为什么？

(2) 胡军和黄明解散合伙企业的行为是否合法？为什么？

(3) 胡军、黄明关于偿还食品公司的欠债的想法正确吗？理由是什么？

案例 2　2007 年 3 月，甲、乙、丙、丁按照《中华人民共和国合伙企业法》的规定，共同投资设立一从事商品流通的有限合伙企业。合伙协议约定了以下事项：

(1) 甲以现金 5 万元出资，乙以房屋作价 8 万元出资，丙以劳务作价 4 万元出资，丁以商标权作价 5 万元和现金 10 万元出资。

(2) 丁为普通合伙人，甲、乙、丙均为有限合伙人。

(3) 各合伙人按相同比例分配盈利、分担亏损。

(4) 合伙企业的事务由丙和丁执行，甲和乙不执行合伙企业事务，也不对外代表合伙企业。

(5) 普通合伙人向合伙人以外的人转让财产份额的，不需要经过其他合伙人同意。

(6) 合伙企业名称为“稳信物流合伙企业”。

根据以上事实，回答下列问题，并分别说明理由：

(1) 合伙人丙以劳务作价出资的做法是否符合规定？

(2) 合伙企业事务执行方式是否符合规定？

(3) 关于合伙人转让出资的约定是否符合法律规定？

(4) 合伙企业名称是否符合规定？

(5) 各合伙人按照相同比例分配盈利、分担亏损的约定是否符合规定？

案例 3 张权欲加入他人的合伙企业。但是，原合伙人的态度和表示态度的方式不一样：

(1) 李平对此未置可否；

(2) 贾军出国未归，但是在电话中表示同意；

(3) 刘名口头表示同意，但是未签订书面协议；

(4) 李光在入伙协议书上签了字；

(5) 李光依据单强从国外发回的委托传真，代为在该协议书上签字。

入伙之事一直不能定下来，张权想找他们再做一下工作。

试问：

从法律上看，还要再做谁的工作，张权才能被认为已成为新合伙人？为什么？

参 考 答 案

一、填空题

1. 普通合伙企业　有限合伙企业　2. 书面形式　3. 所得税　4. 国有独资公司　国有企业　5. 合伙人　法律　行政法规　6. 普通合伙　7. 全体合伙人　法定评估机构　全体合伙人　合伙协议　8. 优先购买权　合伙协议　9. 一致同意　无效　10. 合伙协议　实缴出资比例　平均　11. 无限连带　12. 一致同意　书面入伙　同等责任　13. 特殊的普通合伙　14. 无限连带责任　15. 执业风险

职业保险　16. 二　五十　普通合伙人　17. 知识产权　财产权利　劳务　18. 自营　合作经营　合伙协议　19. 解散　普通合伙企业　20. 普通合伙　特殊普通合伙

二、单项选择题

1. D　2. C　3. D　4. D　5. A　6. C

三、多项选择题

1. ABCDE　2. ABCDE　3. AB　4. ABDE　5. ABC　6. AC

四、名词解释

1. 合伙企业，是指自然人、法人和其他组织依照《合伙企业法》在中国境内设立的普通合伙企业和有限合伙企业。

2. 普通合伙企业：由普通合伙人组成，合伙人对合伙企业债务承担无限连带责任。

3. 有限合伙企业：由普通合伙人和有限合伙人组成，普通合伙人对合伙企业债务承担无限连带责任，有限合伙人以其认缴的出资额为限对合伙企业债务承担责任。

五、简答题

1. 简述合伙企业的设立条件。

答：设立合伙企业必须具备以下条件：

(1) 有两个以上合伙人。合伙人为自然人的，应当具有完全民事行为能力；

(2) 有书面合伙协议；

(3) 有合伙人认缴或者实际缴付的出资；

(4) 有合伙企业的名称和生产经营场所；

(5) 法律、行政法规规定的其他条件。

2. 简述合伙企业解散的条件。

答：我国《合伙企业法》规定，合伙企业有以下情况之一的，应当解散：

(1) 合伙协议约定的经营期限届满，合伙人决定不再经营的；

(2) 合伙协议约定的解散事由出现；

(3) 全体合伙人决定解散；

(4) 合伙人已不具备法定人数满 30 日；

(5) 合伙协议约定的合伙目的已经实现或无法实现；

(6) 被依法吊销营业执照、责令关闭或者被撤销；

(7) 法律法规规定的其他原因。

3. 简述普通合伙企业的哪些事项应当经全体合伙人一致同意。

答：除合伙协议另有约定外，普通合伙企业的下列事项应当经全体合伙人一致同意：

(1) 改变合伙企业的名称；

(2) 改变合伙企业的经营范围、主要经营场所的地点；

(3) 处分合伙企业的不动产；

(4) 转让或者处分合伙企业的知识产权和其他财产权利；

(5) 以合伙企业名义为他人提供担保；

(6) 聘任合伙人以外的人担任合伙企业的经营管理人员。

4. 简述普通合伙人的竞业禁止规定。

答：我国《合伙企业法》规定的合伙人的竞业禁止如下：

(1) 合伙人不得自营或者同他人合作经营与本合伙企业相竞争的业务。

(2) 合伙人不得同本合伙企业进行交易。但合伙协议另有约定或经全体合伙人同意的除外。

(3) 合伙人不得从事损害本合伙企业利益的活动。

5. 简述普通合伙企业与第三人的关系。

答：普通合伙企业与第三人的关系分为整个合伙企业与第三人的关系与合伙企业中的合伙人与第三人的关系两个方面。

(1) 合伙企业与第三人的关系。我国《合伙企业法》规定，普通合伙企业对合伙人执行合伙企业事务以及对外代表合伙企业权利的限制，不得对抗不知道的善意第三人；普通合伙企业对其债务，应先以企业全部财产进行清偿，合伙企业财产不足清偿到期债务的，各合伙人应当承担无限连带责任。

(2) 合伙企业中的合伙人与第三人的关系。合伙企业中某一合伙人的债权人，不得以其与该合伙人的债权抵销其对合伙企业的债务；合伙人负有个人债务的债权人不得代位行使该合伙人在合伙企业中的权利；合伙人个人财产不足清偿个人所负债务的，该合伙人只能以其合伙企业中分取的收益用于清偿，债权人也可依法请求人民法院强制执行该合伙人在合伙企业中的财产份额用于清偿。

6. 简述有限合伙人的哪些行为，不视为执行合伙事务。

答：有限合伙人的下列行为，不视为执行合伙事务：

(1) 参与决定普通合伙人入伙、退伙。

(2) 对企业的经营管理提出建议。

(3) 参与选择承办有限合伙企业审计业务的会计师事务所。

(4) 获取经审计的有限合伙企业财务会计报告。

(5) 对涉及自身利益的情况，查阅有限合伙企业财务会计账簿等财务资料。

(6) 在有限合伙企业中的利益受到侵害时，向有责任的合伙人主张权利或者提起诉讼。

(7) 执行事务合伙人怠于行使权利时，督促其行使权利或者为了本企业的利益以自己的名义提起诉讼。

(8) 依法为本企业提供担保。

六、案例题

案例 1 答：(1) 董光的退伙行为不合法。根据我国《合伙企业法》第46条的规定，合伙协议未约定合伙企业的经营期限的，合伙人在不给合伙企业事务执行造成不利影响的情况下，可以退伙，但应当提前30日告知其他合伙人，本案中，董光未提前30日通知其他合伙人，其退伙行为是不合法的。

(2) 胡军与黄明解散合伙企业的行为是合法的。因为根据我国《合伙企业法》第45条的规定，全体合伙人决定解散的，合伙企业应当解散，胡与黄决定解散合伙企业是在董光严重违反合伙协议之后，董光“退伙”之后不再参与合伙企业事务，因此，胡与黄的行为是合法的。

(3) 胡黄两人关于食品公司债务清偿的想法是错误的。按照我国法律的规定，合伙企业对其债务应先以企业的全部财产进行清偿。合伙企业财产不足清偿到期债务的，各合伙人应当承担无限连带责任，对于食品公司的清偿请求，胡黄两人不得拒绝。

案例 2 答：(1) 不符合规定。根据我国《合伙企业法》第64条的规定，有限合伙人不得以劳务出资。

（2）不符合规定。根据我国《合伙企业法》第68条的规定，有限合伙人不执行合伙事务，不得对外代表有限合伙企业。丙作为有限合伙人不执行合伙事务，不得对外代表有限合伙企业。

（3）不符合规定。根据我国《合伙企业法》第22条的规定，除合伙协议另有约定外，合伙人向合伙人以外的人转让其在合伙企业中的全部或者部分财产份额时，须经其他合伙人一致同意。合伙人之间转让在合伙企业中的全部或者部分财产份额时，应当通知其他合伙人。

（4）不符合规定。根据我国《合伙企业法》第62条的规定，有限合伙企业名称中应当标明“有限合伙”字样。所以本案中的企业名称应该为“稳信物流有限合伙企业”。

（5）基本符合规定。按照相同比例分配盈利符合规定，根据我国《合伙企业法》第33条的规定，合伙企业的利润分配、亏损分担，按照合伙协议的约定办理；合伙协议未约定或者约定不明确的，由合伙人协商决定；协商不成的，由合伙人按照实缴出资比例分配、分担；无法确定出资比例的，由合伙人平均分配、分担。但有限合伙人以其认缴的出资额为限对合伙企业债务承担责任。

3.《中华人民共和国合伙企业法》第43条规定，新合伙人入伙，除合伙协议另有约定外，应当经全体合伙人一致同意，并依法订立书面入伙协议。订立入伙协议时，原合伙人应当向新合伙人告知原合伙企业的经营状况和财务状况。

本案中，李光和单强的态度明确，并已经在书面协议上签字。单强有正式书面委托，李光代为签字。所以还要再做其他几个人的工作。李平对此未置可否，没有明确同意。贾军出国未归，仅仅在电话中表示同意，没有书面表示同意。刘名口头表示同意，也没有签订书面协议。在没有取得全体合伙人书面同意以前，张权不能被认为已成为新合伙人。总之，新合伙人入伙时，应当经全体合伙人同意，并依法订立书面入伙协议。

第三章　个人独资企业法律制度

本章知识重点提示

- 个人独资企业的概念
- 个人独资企业的设立条件
- 个人独资企业依法应当解散的情形

一、填空题

1. 根据我国法律的规定，个人独资企业以其________为住所。

2. 任何单位和个人不得违反法律、行政法规的规定，以任何方式强制个人独资企业提供________、________和________。

3. 个人独资企业解散后，原投资者对个人独资企业存续期间的债务仍应承担偿还责任，但债权人在________未向债务人提出偿债请求的，该责任消灭。

4. 个人独资企业是以其个人财产对企业债务承担________的经营实体。应当依法履行________义务。

5. 个人独资企业的营业执照的________，为个人独资企业成立日期。在领取营业执照前，投资人不得以________从事经营活动。

6. 个人独资企业成立后无正当理由超过________未开业的，或者开业后自行停业连续________以上的，吊销营业执照。

7. 个人独资企业设立分支机构，应当由投资人或者其委托的代理人向________所在地的登记机关申请登记，领取营业执照。分支机构的民事责任由设立该分支机构的________承担。

8. 个人独资企业的名称应当与其________及从事的________相符合。

9. 申请设立个人独资企业应当由投资人或者其委托的代理人向________所在地的登记机关提交设立申请书、投资人身份证明、生产经营场所使用证明等文件。委托代理人申请设立登记时，应当出具投资人的________和________的合法证明。

二、单项选择题

1.《个人独资企业法》适用于(　　)。

A. 由一个自然人投资设立的企业

B. 由一个外国人投资设立的企业

C. 由一个社会团体投资设立的企业

D. 由国家独立投资的企业

2. 下列命题中,错误的表述是(　　)。

A. 个人独资企业是由一个自然人投资设立的

B. 个人独资企业是一个独立的财产权主体

C. 个人独资企业不具有法人资格

D. 个人独资企业的投资者对企业的债务承担无限责任

3. 根据我国法律的规定,下列人员可以申请设立个人独资企业的是(　　)。

A. 公务员李某　　B. 学龄儿童王某

C. 律师孙某　　D. 警察张某

4. 个人独资企业财产不足以清偿企业债务的,投资者应当以其(　　)予以清偿。

A. 个人的其他财产　　B. 家庭成员的财产

C. 投资额的限度内　　D. 可以不再承担清偿责任

5. 甲以个人财产设立一独资企业,后甲病故,其妻和其子女(均已满 18 岁)都明确表示不愿继承该企业,该企业只得解散。该企业解散时,(　　)进行清算。

A. 应由其子女进行清算

B. 应由其妻进行清算

C. 应由其妻和其子女共同进行清算

D. 应由债权人申请法院指定清算人进行清算

6. 个人独资企业的投资人对企业债务(　　)。

A. 以出资额为限承担责任

B. 以企业财产为限承担责任

C. 以其个人财产承担无限责任

D. 以其个人财产承担连带无限责任

7. 个人独资企业解散后，按照《个人独资企业法》的规定，原投资人对企业存续期间的债务（　　）。

A. 仍应承担责任

B. 不再承担责任

C. 仍应承担责任，但债权人在 5 年内未向债务人提出偿债请求的，该责任消灭

D. 仍应承担责任，但债权人在 2 年内未向债务人提出偿债请求的，该责任消灭

8. 万某因出国留学将自己的独资企业委托陈某管理，并授权陈某在 5 万元以内的开支和 50 万元以内的交易可自行决定。设若第三人对此授权不知情，则陈某受托期间实施的下列哪一行为为我国法律所禁止或无效？（　　）

A. 未经万某同意与某公司签订交易额为 100 万元的合同

B. 未经万某同意将自己的房屋以 1 万元出售给本企业

C. 未经万某同意向某电视台支付广告费 8 万元

D. 未经万某同意聘用其妻为企业销售主管

9. 以下关于设立个人独资企业条件的说法，哪个是错误的？（　　）

A. 投资者为一个自然人或多个自然人

B. 有投资人申报的出资

C. 有合法的企业名称

D. 有必要的从业人员

10. 以下关于个人独资企业的表述哪项是错误的？（　　）

A. 个人独资企业解散后，由投资人自行清算或者由债权人申请人民法院指定清算人进行清算

B. 个人独资企业解散后，原投资人对个人独资企业存续期间的债务不应再负偿还责任

C. 个人独资企业财产不足以清偿债务的，投资人应当以其个人的其他财产予以清偿

D. 个人独资企业解散后，原投资人对个人独资企业存续期间的债务仍应承担偿还责任

11. 下列关于个人独资企业的说法哪项是错误的？（　　）

A. 个人独资企业投资人可委托他人负责企业的事务管理

B. 投资人可依其对受托人职权的限制，对抗善意第三人

C. 个人独资企业投资人对企业的财产享有所有权，其相关权利可依法进行转让

D. 投资人对受托人职权的限制，不得对抗善意第三人

三、多项选择题

1. 设立个人独资企业应当具备的条件有(　　　　)。

A. 有合格的企业名称

B. 投资者为一个自然人

C. 有投资人申报的出资

D. 有固定的生产经营场所和必要的生产经营条件

E. 投资者的投资达到法律规定的最低限额

2. 个人独资企业的投资者对企业的财产享有如下权利(　　　　)。

A. 企业财产所有权

B. 企业经营权

C. 企业财产处分权

D. 依法对企业财产进行转让的权利

E. 企业管理权

3. 张某于2000年3月成立一家个人独资企业。同年5月，该企业与甲公司签订一份买卖合同，根据合同，该企业应于同年8月支付给甲公司货款15万元，后该企业一直未支付该款项。2001年1月该企业解散。2003年5月，甲公司起诉张某，要求张某偿还上述15万元债务。下列有关该案的表述哪些是错误的?(　　　　)

A. 因该企业已经解散，甲公司的债权已经消灭

B. 甲公司可以要求张某以其个人财产承担15万元的债务

C. 甲公司请求张某偿还债务已超过诉讼时效，其请求不能得到支持

D. 甲公司请求张某偿还债务的期限应于2003年1月届满

4. 下列关于个人独资企业的表述中哪些是正确的?(　　　　)

A. 个人独资企业应依法缴纳企业所得税

B. 个人独资企业成立时需缴足法定最低注册资本

C. 个人独资企业对被聘用人员的限制不得对抗善意第三人

D. 个人独资企业的投资人对个人独资企业债务承担无限责任

5. 根据法律规定，下列关于个人独资企业设立条件的判断，哪些是正确的？（　　）

A. 投资人只能是自然人

B. 投资人需具有完全民事行为能力

C. 须有企业章程

D. 有符合规定的法定最低注册资本

6. 下列各项哪些属于个人独资企业当然解散的法定事由？（　　）

A. 投资人决定解散

B. 投资人死亡，无继承人

C. 投资人被宣告死亡，其继承人决定放弃继承

D. 被依法吊销营业执照

7. 个人独资企业有下列哪些情形的可被吊销其营业执照？（　　）

A. 提交虚假文件或采取其他欺骗手段，取得企业登记，情节严重的

B. 涂改营业执照情节严重的

C. 成立后无正当理由超过 6 个月未开业的

D. 开业后自行停业连续 6 个月以上的

8. 下列关于个人独资企业的说法哪些是正确的？（　　）

A. 个人独资企业以其主要办事机构所在地为住所

B. 个人独资企业的投资人以其个人财产对企业债务承担无限责任

C. 个人独资企业不设工会

D. 个人独资企业不设分支机构

9. 申请设立个人独资企业，应当由投资人或者其委托的代理人向个人独资企业所在地的登记机关提交下列哪些文件材料？（　　）

A. 设立申请书　　B. 投资人身份证明

C. 生产经营场所证明　　D. 从业人员身份证明

四、名词解释

1. 个人独资企业

2. 个人独资企业法

五、简答题

1. 简述个人独资企业的特征。

2. 简述个人独资企业的设立条件。

3. 简述个人独资企业的解散事由。

4. 简述个人独资企业的清偿顺序。

5. 简述一人有限责任公司和个人独资企业的区别。

参 考 答 案

一、填空题

1. 主要办事机构所在地　2. 财力　物力　人力　3. 5 年内　4. 无限责任　纳税　5. 签发日期　个人独资企业　6. 6 个月　6 个月　7. 分支机构　个人独资企业　8. 责任形式　营业　9. 个人独资企业　委托书　代理人

二、单项选择题

1. A　2. B　3. C　4. A　5. D　6. C　7. C　8. B　9. A　10. B　11. B

三、多项选择题

1. ABCD　2. ABCDE　3. ACD　4. ACD　5. AB　6. ABCD　7. ABCD　8. AB　9. ABC

四、名词解释

1. 个人独资企业：是指依照我国《个人独资企业法》在中国境内设立，由一个自然人投资，财产为投资人个人所有，投资人以其个人财产对企业债务承担无限责任的经营实体。

2. 个人独资企业法：就是指以确认个人独资企业的法律地位，调整个人独资企业经济关系的法律规范的总称。

五、简答题

1. 简述个人独资企业的特征。

答：个人独资企业具有如下特征：

(1) 个人独资企业必须由一个自然人投资，有合法的企业名称、固定的生产经营场所和必要的生产经营条件，以及必要的从业人员，经工商行政管理部门登记取得经营主体资格。

(2) 个人独资企业的财产为投资人个人所有，由个人独立投资，独立经营，独立享受收益、承担风险、并依法承担无限责任。

(3) 个人独资企业是一种个人独立的经营体。

(4) 个人独资企业是一个营利性的经济组织，是一种独立进行商品经营活动，并以营利为目的的经济组织。

2. 简述个人独资企业的设立条件。

答：根据我国《个人独资企业法》的规定，设立个人独资企业应当具备以下条件：

(1) 投资人为一个自然人，但法律、行政法规禁止从事营利性活动的人，不得作为投资个人申请设立个人独资企业。

(2) 有合法的企业名称。个人独资企业的名称应当与其责任形式及从事的行业相符合，不得有“有限”、“有限责任”或“公司”字样。

(3) 有投资人申报的出资。

(4) 有固定的生产经营场所和必要的生产经营条件。

(5) 有必要的从业人员。

3. 简述个人独资企业的解散事由。

答：根据我国法律规定，个人独资企业有下列情况之一的，应当解散：

(1) 投资人决定解散。

(2) 投资人死亡或者被宣告死亡，无继承人或者继承人决定放弃继承。

(3) 被依法吊销营业执照。

(4) 法律、行政法规规定的其他情形。

4. 简述个人独资企业的清偿顺序。

答：个人独资企业解散时，个人独资企业的财产应当按照下列顺序进行清偿：

(1) 个人独资企业所欠职工工资和社会保险费用。

(2) 个人独资企业所欠税款。

(3) 个人独资企业的其他债务。

5. 简述一人有限责任公司和个人独资企业的区别。

答：一人有限责任公司与个人独资企业似乎非常相近，但是两者在法律实质上却存在很大的差别，两者的区别可以总结为以下几点：

（1）法律形式不同

在法律形式上，一人有限责任公司属于法定的民事主体，具有法人资格，能够以自己的名义享有民事权利和承担民事义务。根据《个人独资企业法》的规定，个人独资企业属于非法人组织，虽然也可以以自己的名义进行民事活动，但在法律形式上不具有法人的资格。

（2）主体性质不同

根据《公司法》第58条的规定，"本法所称一人有限责任公司，是指只有一个自然人股东或者一个法人股东的有限责任公司"。而根据《个人独资企业法》第2条的规定，"本法所称个人独资企业，是指依照本法在中国境内设立，由一个自然人投资，财产为投资人个人所有，投资人以其个人财产对企业债务承担无限责任的经营实体"。

可以看出，一人有限责任公司的投资主体与个人独资企业的范围并不相同，一人有限责任公司的设立主体既可以是自然人，也可以是法人；而个人独资企业的设立主体只能是具有中国国籍的自然人。由此可以得出，一人有限责任公司的设立主体的范围比个人独资企业更为广泛。

（3）注册资本的要求不同

在设立时两者的差异主要体现在关于法定注册资本最低限额的规定上。一人有限责任公司既适用《公司法》中关于公司设立的一般性规定，同时还必须符合《公司法》关于一人有限责任公司的特别规定。根据《公司法》第59条的规定，"一人有限责任公司的注册资本最低限额为人民币10万元，股东应当一次足额缴纳公司章程规定的出资额"。而个人独资企业的设立条件要相对宽松，根据《个人独资企业法》第8条的规定，个人独资企业的设立只需"有投资人申报的出资"，并没有要求具体的注册资本最低限额。

（4）出资方式的规定不同

根据《公司法》第27条的规定，一人有限责任公司的货币出资金额不得低于有限责任公司注册资本的30%，也就是说，股东用实物、知识产权和土地使用权等非货币财产作价出资金额不得高于注册资本的70%。而个人独资企业对货币资金或非货币资金占投资人申报出资的比例，并没有作出任何强制性规定。

第四章　外商投资企业法律制度

本章知识重点提示

- 中外合资经营企业的概念、特征
- 中外合作经营企业的概念、特征
- 外商独资企业的概念、特征
- 3类企业的设立和组织形式
- 中外合资经营企业的注册资本和出资方式
- 3类企业的终止清算

一、填空题

1. 审批机关自接到中外合资经营企业的各项申请设立文件后，应于________内决定批准或不批准。领取批准书后，合营企业应在________内办理登记手续。

2. 合资经营企业的投资总额为按照合资企业合同、章程所确定的生产规模需要投入的________资金和________资金总和。

3. 除现金、实物和________以外，中外合资经营企业的中方合营者可以________出资。

4. 经合营他方同意，并经________批准，中外合资经营企业的合营一方可向第三方转让其出资。转让时，合营他方有________权。

5. 中外合资经营企业的董事会是合营企业的________机构，________为合营企业的法定代表人。

6. 合资经营企业解散时，应对财产进行________。

7. 审批机关应自收到中外合作经营企业申请设立的全部文件之日起________天内决定批准与否。

8. 法人型的中外合作经营企业中，外国合营者的投资不得低于注册资本的________。

9. 外资企业的投资总额由________和________构成。

10. 外资企业的投资者分期缴付出资的，最后一期出资应在________之日起 3 年内缴清，第一期出资不得少于其认缴出资额的________，并应在________之日起________天内缴清。

11. 外资企业期满，需要延长的，应在期满前________天前提出申请。

12. 工业产权、非专利技术的作价金额不得超过外资企业注册资本的________。

二、单项选择题

1. 中外合资经营企业的注册资本中，外国合营者的投资比例一般不低于（　　）。

A. 25％　　B. 30％

C. 50％　　D. 51％

2. 中外合资经营企业的组织形式为（　　）。

A. 有限责任公司　　B. 无限公司

C. 股份有限公司　　D. 合伙型企业

3. 中外合营企业的注册资本为合营各方认缴的（　　）之和。

A. 生产流动资金　　B. 投资总额

C. 出资额　　D. 基本建设资金

4. 中外合作经营企业是（　　）。

A. 外国企业　　B. 股权式企业

C. 合伙型企业　　D. 契约式企业

5. 中外合作经营企业合同经（　　）成立。

A. 双方确认　　B. 企业营业执照的签发

C. 双方签字盖章　　D. 中国政府批准

6. 中外合作经营企业各方的投资及合作条件中，不能作为投资和合作条件的是（　　）。

A. 货币　　B. 机器设备

C. 土地使用权　　D. 劳务

7. 法人型的中外合作经营企业中，采用的经营管理方式是（　　）。

A. 联合管理制　　B. 委托管理制

C. 分开管理制　　D. 董事会制

8. 外资企业的注册资本在营业期间不得（　　）。

A. 增加　　B. 减少

C. 转让　　D. 赠与

9. 不能作为外资企业出资方式的是(　　)。

A. 货币　　B. 土地使用权

C. 商标权　　D. 实物

10. 外商投资企业是外国人依照中国法律在中国境内以(　　)参与或者独立设立的各类企业的总称。

A. 政府贷款的方式　　B. 政府直接投资方式

C. 私人直接投资方式　　D. 国际经济组织贷款的方式

11. 中外合资经营企业的设立申请、设立登记手续均由(　　)来办理。

A. 中外合营者共同　　B. 外国合营者

C. 企业的主管部门　　D. 中国合营者

12. 中外合资经营企业的合营期限,根据不同行业和项目的具体情况,由合营各方协商解决。一般项目的合营期限原则上为(　　)。

A. 5～10 年　　B. 10～20 年

C. 10～30 年　　D. 15～30 年

13. 根据有关规定,注册资本为(　　)的外商投资企业,投资者分期出资的总期限为 1 年半。

A. 50～100 万人民币　　B. 50～100 万美元

C. 100～300 万美元　　D. 100～300 万人民币

14. 中外合资经营企业的投资总额在 300 万美元以上至 1 000 万美元以下的,注册资本至少应当占投资总额的(　　),其中投资总额在 420 万美元以下的,注册资本不得低于(　　)。

A. 1/3,140 万美元　　B. 1/2,210 万美元

C. 1/3,210 万美元　　D. 1/2,140 万美元

15. 合作企业董事会会议或联合管理委员会会议应当有(　　)董事或委员出席方能举行。

A. 1/2 以上　　B. 过半数

C. 1/3 以上　　D. 2/3 以上

三、多项选择题

1. 中外合作经营企业分享利润和承担责任的依据是(　　)。

A. 股权比例

B. 不依股权比例

C. 投资多少

D. 合同所订立的比例

2. 我国A公司与美国B公司拟举办一家合资经营企业，双方就共同投资问题进行了协商，事后A公司向律师咨询，律师指出，协议中（　　）等出资方式不符合中国法律的有关规定。

A. A公司提供的已设定抵押的厂房

B. B公司通过A公司提供担保从香港一银行获得的贷款

C. B公司以合营企业名义租赁的设备

D. B公司提供的专有技术

3. 中外合资经营企业的出资方式有（　　）。

A. 现金

B. 实物

C. 场地使用权

D. 工业产权

E. 信用

4. 中外合资经营企业出现（　　）情况应注销登记。

A. 合营期限届满

B. 合营企业遇到不可抗力

C. 合营企业未达到经营目的，同时又无发展前途

D. 合营一方不履行合营协议、合同和章程，导致企业无法继续经营

E. 企业发生严重亏损，无力继续经营

5. 国家鼓励举办的中外合作经营企业有（　　）。

A. 产品出口型的生产企业

B. 商业企业

C. 技术先进型的生产企业

D. 技术服务企业

E. 外贸企业

6. 中外合作经营企业的法定代表人可以是（　　）。

A. 董事长

B. 经理

C. 联合管理委员会的主任

D. 中方或外方合作者

E. 董事会

7. 关于先行回收投资的正确说法是（　　）。

A. 只能是中外合作经营企业中的外方

B. 须经财税机关同意

C. 须经审批机关批准

D. 合同期满后的全部固定资产应归中方所有

E. 只能是获得法人资格的中外合作经营企业才享有

8. 根据有关法律规定，下列事项中，必须经合营企业全体出席董事会会议的董事一致通过才能做出决议的有（　　）。

A. 企业注册资本的转让　　B. 企业章程的修改

C. 企业利润的分配　　D. 企业与其他经济组织的合并

9. 目前我国的外商投资企业主要有（　　）。

A. 中外合资企业　　B. 中外合作企业

C. 外资企业　　D. 中外合资股份有限公司

10. 在中外合资经营企业中，双方都可以选择使用的出资方式包括（　　）。

A. 非专利技术　　B. 原材料

C. 场地使用权　　D. 商标使用权

11. 中外合资经营企业中的一方如果向第三方转让其全部或部分出资额，应遵循以下规定（　　）。

A. 遇合营企业年度亏损时不得转让

B. 须经合营企业他方同意

C. 合营他方有优先购买权

D. 向第三人转让出资额的条件，不得比向合营他方转让的条件更优惠

12. 在中国设立合营企业，在下列情形下不予批准（　　）。

A. 违反中国法律

B. 有损中国主权

C. 造成环境污染

D. 签订的协议、合同、章程显属不公平，损害合营一方权益

四、名词解释

1. 外商投资企业

2. 中外合资经营企业

3. 中外合作经营企业

4. 外资企业

五、判断题

1. 我国的外商投资企业是外商私人直接投资的企业。（　　）

2. 中外合资经营企业是契约式企业，中外合作经营企业是股权式企业。（　　）

3. 外资企业就是外商投资企业。（　　）

4. 我国法律规定，对中外合资企业和外资企业绝对不实行国有化，相对不实行征收。（　　）

5. 中外合资经营企业合同，是合营各方对设立合资企业的某些要点和原则达成一致意见而订立的文件。（　　）

6. 中外合资经营企业投资总额在 300 万美元以上至 1 000 万美元的，注册资本至少应占其中 1/2；其中，投资总额在 420 万美元以下的，注册资本不得低于 210 万美元。（　　）

7. 外资企业的设立必须经过申请、审批和登记 3 个阶段。（　　）

8. 中外合作经营企业增加注册资本的决议经各方同意后即可生效。（　　）

9. 对外经济贸易部是设立外资企业唯一的审批机关。（　　）

10. 中外投资者任何一方都不得以企业的名义租赁设备或者其他财产，或者用自己以外的他人的财产作为自己的实物出资。（　　）

11. 中外合资经营企业在合营期间可以增加注册资本，也可以减少注册资本。（　　）

12. 外资企业清算结束后，其资产净额和剩余财产超过注册资本的部分视同利润，应当依照中国税法缴纳所得税。（　　）

13. 外国公司、企业和其他经济组织在中国境内设立的分支机构也属于外资企业。（　　）

14. 中国公民不可以和外国企业、外国公司和外国个人共同投资设立中外合资经营企业。（　　）

六、简答题

1. 简述中外合资经营企业有哪些特征。

2. 简述中外合作经营企业的法律特征。

3. 简述外资企业的法律特征。

4. 简述外资企业终止的情形。

5. 简述中外合作经营企业外商先行收回投资的法定条件。

七、案例题

案例 1 某中国个体户欲和一日本企业建立一家合资经营企业。经平等协商,双方在合同中约定:企业名称为“某某服装公司”,组织形式为有限责任公司形式。公司投资总额为 400 万美元。其中,中方出资为 160 万美元。日方第一批出资为 20 万美元,3 个月后再行出资 20 万美元,这其中包括 50%的土地使用权。公司股东会为企业最高权力机关,由董事会执行股东会的决议。董事长由中方担任,日方担任副董事长和总经理,并由总经理担任法定代表人。双方依照合同约定分配利润和承担风险:前 3 年利润全部归日方所有,作为日方的投资回收,企业解散时,全部财产归中方所有。双方在必要时可以增加或减少注册资本,增减注册资本决议经董事会讨论通过生效。合同若发生争议,用仲裁的方法加以解决,适用中国或日本的法律。

请问,本合同有哪些违法之处?为什么?

案例 2 中国某企业与美国某公司在中国境内共同投资设立一合资企业,投资总额为 1 000 万美元,注册资本为 400 万美元。中方以土地使用权出资,经与外商协商作价 310 万美元;外商以技术出资,经中方同意作价 90 万美元。经营第一年,由于遭受“9 · 11”事件的影响,亏损了 30 万美元。2002 年,经过中外双方努力,实现扭亏为盈,盈利 50 万美元。中外双方在分配该 50 万美元盈利时,由于合营协议未有明确分配比例,双方发生纠纷,中方愤而撤回其 100 万美元出资,向工商行政管理机关变更公司注册资本为 300 万美元。第三年,由于美伊开战,经济持续衰退,合营企业再次亏损,高达 80 万美元,美方欲退出经营,将其出资份额转让给一日资公司,中方拒不同意,双方发生纠纷。

试问:本案中存在哪些违反我国《中外合资经营企业法》规定的行为?请说明理由。

案例 3 中国一国有企业与美国一公司经商洽,决定设立一中外合资经营企业。双方协商拟订的合营企业合同中规定:

(1) 企业董事长由美方担任,副董事长由中方担任。

(2) 如企业经营不善,双方可以在合营期内减少注册资本。

(3) 合营企业合同发生争议时,适用美国的法律。

问:

(1) 上述合同中的规定是否符合设立三资企业的规定?

(2) 为什么?

(3) 中外合资经营企业的可分配利润,应按照(   )。

A. 企业主管部门确定的比例进行分配

B. 董事会确定的比例进行分配

C. 合营各方的出资比例进行分配

D. 企业合同的约定进行分配

案例4 中德两个企业,双方签署了一份合营企业合同,请指出条款中的错误:

(1) 双方根据《中华人民共和国中外合资经营企业法》和中国其他法律以及德国的法律,同意在中国境内设立中外合资经营企业;

(2) 公司中的名称为"中德某某印染公司";

(3) 甲乙双方对合营企业的债务承担连带无限责任;

(4) 注册资本为450万美元,双方出资如下:中方现金300万美元,厂房折价30万美元,场地使用费20万美元;德方现金100万美元。双方出资在营业执照签发之日前一次交清;

(5) 乙方从企业获利后的第二年,每年从企业利润中提取10%的出资额;

(6) 总经理是公司的法定代表人;

(7) 本合同从签字起生效,中方上级主管批准之日为企业成立之日;

(8) 对本合同及其附件的修改,经中、德双方签署书面协议后即告生效。

参 考 答 案

一、填空题

1. 3个月 1个月 2. 基本建设 流动 3. 工业产权 场地使用权 4. 审批机构 优先购买 5. 最高权力 董事长 6. 清算 7. 45天 8. 25% 9. 注册资本 借入资本 10. 营业执照签发 15% 营业执照签发 90天 11. 180天 12. 20%

二、单项选择题

1. A 2. A 3. C 4. D 5. D 6. D 7. D 8. B

9. B　10. C　11. D　12. C　13. B　14. B　15. D

三、多选题

1. BD　2. ABC　3. ABCD　4. ACDE　5. AC
6. ACD　7. ABCD　8. ABD　9. ABCD　10. ABD
11. BCD　12. ABCD

四、名词解释

1. 外商投资企业：是指依照外商投资企业的法律制度，外国投资者经中国政府批准，在中国境内投资设立的企业。

2. 中外合资经营企业：是指外国投资者经中国政府批准在中国境内同中国合营者共同投资、共同经营，按各自的出资比例共担风险、共负盈亏的企业。

3. 中外合作经营企业：也称契约式合营企业，它是由外国的公司、企业和其他经济组织或者个人同中国的公司、企业和其他经济组织，依照中国的法律和行政法规，经中国政府批准，设在中国境内的，由双方通过合作经营企业合同约定各自的权利和义务的企业。

4. 外资企业：也称外商独资经营企业。它是指外国的公司、企业和其他经济组织或者个人，依照中国的法律和行政法规，经中国政府批准，设在中国境内的，全部资本由外国投资者投资的企业。

五、判断题

1. 正确　2. 错误　3. 错误　4. 正确　5. 错误　6. 正确
7. 正确　8. 错误　9. 错误　10. 正确　11. 错误　12. 正确
13. 错误　14. 正确

六、简答题

1. 简述中外合资经营企业有哪些特征。

答：根据我国《中外合资经营企业法》的规定，我国的中外合资经营企业通常具有 4 个特征：

（1）合营一方为外国合营者，另一方为中国合营者。

（2）中外合营各方共同投资、共同经营，按各自的出资比例共担风险、共负盈亏。

(3) 合营企业的组织形式为有限责任公司，不设股东会，其最高权力机构为董事会，实行董事会领导下的总经理负责制。

(4) 合营企业是经中国政府批准设立的中国法人，必须遵守中国的法律和行政法规，并受中国的法律和行政法规的保护。

2. 简述中外合作经营企业的法律特征。

答：中外合作经营企业的法律特征表现在以下几个方面：

(1) 合作企业的主体一方为外国合作者，另一方为中国合作者。外国合作者包括外国的企业、其他经济组织或者个人；中方合作者可以是公司、企业或者其他经济组织。

(2) 合作经营合同是企业成立和发展的基本依据。

(3) 合作企业可以是依法取得中国法人资格的企业；也可以是不具备法人资格的企业，不具备法人资格的合作企业及其合作各方，依照中国民事法律的有关规定承担民事责任。

(4) 合作企业中的外国投资者可以先行收回投资。合作期满后，合作企业的全部资产一般归中国合作者所有。

(5) 合作企业的管理机构具有多样性。合作企业可以采用董事会制，也可以采用联合管理委员会制，还可以采用委托管理制，即委托中外合作者以外的他人经营管理。

3. 简述外资企业的法律特征。

答：(1) 外资企业的全部资本是由外国的投资者投资的，企业的利润全归外国投资者，风险和亏损也由外国投资者独立承担。这也是外资企业与中外合资经营企业、中外合作经营企业的主要区别。

(2) 外资企业是外国投资者依照中国法律在中国境内设立的。外资企业必须遵守中国的法律、行政法规，不得损害中国社会的公共利益。同时，外资企业受到中国法律的管辖和保护。

(3) 外资企业在中国应是一个经济实体，其在中国的经营活动以自己的名义进行，自主经营。

4. 简述外资企业终止的情形。

答：外资企业发生终止的情况主要有以下几种：

(1) 经营期限届满。

(2) 经营不善，严重亏损，外国投资者决定解散。

(3) 因自然灾害、战争等不可抗力而遭受严重损失，无法继续经营。

(4) 破产。

(5) 违反中国法律、法规，危害社会公共利益被依法撤销。

(6) 外资企业章程规定的其他解散事由已经出现。

5. 简述中外合作经营企业外商先行收回投资的法定条件。

答：外国合作者在合作期限内先行收回投资应符合下列法定条件：

(1) 中外合作经营者在合作企业合同中约定合作期满时，合作企业的全部固定资产无偿归中国合作者所有。

(2) 对于税前回收投资的，必须向财政税务机关提出申请，并由财政税务机关依法审查批准。

(3) 中外合作者应当依照有关法律的规定和合作企业合同的约定，对合作企业的债务承担责任。

(4) 外国合作者提出先行回收投资的申请，并具体说明先行回收投资的总额、期限和方式，经财政税务机关审查同意后，报审查批准机关审批。

(5) 外国合作者应在合作企业的亏损弥补之后，才能先行收回投资。

七、案例题

案例 1　答：合同的违法之处有：

(1) 合同主体违法。法律规定，中国公民个人不能成为涉外经济合同的主体。

(2) 企业的名称不合法。法律规定，承担有限责任的企业必须在其名称中注明“有限”字样。

(3) 公司注册资本和投资总额的比例不合法。法律规定：中外合资企业投资总额为 400 万美元的，其注册资本不能少于 210 万美元。合同中，中方出资 160 万美元，日方出资 40 万美元，总共才 200 万美元，低于法定的 210 万美元。

(4) 日方出资比例违法。法律明确规定：中外合资经营企业中，外方的出资不能少于注册资本总额的 25%。而合同中的日方出资只达到了注册资本的 20%。

(5) 日方的出资方式违法。土地使用权只能由中方出资，外方不享有此权利。

(6) 合同中企业的最高权力机构违法。合资企业不设股东会，最高权力机构应为董事会。并且企业的法定代表人只能是董事长，总经理不能担任企业的法定代表人。

(7) 该合营企业的分配利润和承担风险的方式违法。合营企业应当按各方的出资比例进行利润的分配和风险承担。

(8) 合同中有关注册资本增减的做法违法。合营企业的注册资本不能减少。若增加注册资本，必须经过审批机构批准。

(9) 合同中有关解决争议的法律适用约定违法。中外合资企业只能适用中国法律，不能适用外国法律。

案例 2 答：本案有以下几处违法：

(1) 注册资本未达到法定最低比例。因《中外合资经营企业法》规定，投资总额在 300 万美元至 1 000 万美元的，注册资本应不低于投资总额的二分之一。

(2) 中方以土地使用权出资、外方以技术出资均未经评估机构评估，因《中外合资经营企业法》规定以土地使用权、实物、技术出资必须经评估机构评估。

(3) 中方不得撤回 100 万美元出资。因《中外合资经营企业法》规定，合资经营各方在企业经营期间不得抽回出资。

(4) 中方拒不同意美方向日方转让出资违反法律规定。因依据《中外合资经营企业法》规定，合营各方可相互转让出资，也可对外转让，对外转让时，在同等条件下，合营另一方享有优先受让权。中方如不同意美方转让，可以出资购买，如不购买，则不得阻挠美方转让出资给日方。

案例 3 答：(1) 正确。中外合资经营企业一方担任董事长，由他方担任副董事长。

(2) 错误。合资经营企业的注册资本，在合营期内不能减少。因投资总额和生产经营规模等发生变化，确需减少，须经审批机构批准。

(3) 错误。合资经营企业是经中国政府批准，在中国境内投资设立的企业。所以，合营企业在合同发生争议时，只能适用中国法律处理，当事人不能协议选择适用外国法律。

(4) 中外合资经营企业的可分配利润，应按照(C)。

案例 4 答：存在以下几点错误：

(1) 因为中外合资经营企业是在中国境内设立的，只能遵循中国的法律。

(2) 名称应为“中德某某印染有限责任公司”或“有限责任公司”，必须写清“有限责任”。

(3) 甲、乙双方承担有限责任。

(4) 乙方工业产权出资额超过双方投资总额（450 万美元）的法定规定的 20%。德方出资 100 万美元，不符合法律“在合营企业的注册资本中，外国合营者的投资比例一般不低于百分之二十五”的规定。

(5) 中外合资与中外合作不同，无此规定，不能提前收回投资，应删除此规定。

(6) 法定代表人应为董事长。

(7) 本合同自审批机关批准后生效，营业执照签发之日为企业成立之日。

(8) 应改为：对本合同及其附件的修改，经甲、乙双方签署书面协议，并报审批机关批准后即告生效。

第三编　市场运行法律

第一章　合同法律制度

本章知识重点提示

- 《合同法》的基本原则
- 《合同法》的调整对象
- 合同的特征
- 合同的形式
- 合同的订立程序
- 要约和承诺的构成要件
- 合同的主要条款
- 缔约过失责任的法律特征
- 合同的生效要件
- 无效合同的种类
- 合同履行的概念
- 对合同约定不明的处理
- 合同履行中的抗辩权
- 合同终止的条件
- 合同解除的情形
- 违约行为的形态
- 违约责任的形式
- 违约责任的免责条件
- 涉外合同的法律适用
- 买卖合同的定义及其法律特征
- 供用电、水、气、热力合同的定义及其法律特征
- 信贷合同的概念及法律特征

● 租赁合同的概念及法律特征
● 融资租赁合同的概念及法律特征
● 承揽合同、建设工程合同的概念及法律特征
● 运输合同、保管合同、仓储合同的概念及法律特征
● 技术合同的概念及法律特征
● 技术合同的种类

一、填空题

1.《中华人民共和国合同法》于________年________月________日，在第九届全国人民代表大会第二次会议上通过。

2. 合同的主体包括________、________和其他组织。

3. 我国的《合同法》适用于平等主体之间的________合同，但有关________关系的协议除外。

4. 我国《合同法》规定，涉外合同当事人没有选择处理合同争议所适用的法律的，应适用________的国家的法律。

5. 订立合同和程序包括________和________两个阶段。

6. 根据我国《合同法》的规定，合同履行费用的负担不明确的，由________负担。

7. 执行政府定价逾期交货的，遇价格上涨时，按照________执行；遇价格下降时，按照________执行。

8. 合同的解除包括________解除和单方解除两种形式，在单方解除中又包括了________解除和________解除两种形式。

9. 违约行为的形态包括________、不适当履行和________。

10. 违约责任的形式主要有________、________、违约金、________和其他责任形式等几种。

11. 给付定金的一方如不履行合同，定金________，接受定金的一方如不履行合同，定金应当________。

12. 违约责任的免责包括________和当事人________两种情况，而前者的免责事由仅仅发生在________的情形下。

13. 买卖合同是一方转移标的物的________给对方，由对方给付________的合同。

14. 租赁合同是出租人将________交付承租人使用、收益，承租人支付

________的合同。

15. 供用电、水、气、热力合同是指一方当事人向另一方当事人提供电、水、气、热力，另一方当事人利用这些资源并支付________的合同。

16. 信贷合同是指银行等________作为贷款人，将________出借给借款人使用，在合同期满后，由借款人返还借款并支付________的合同。

17. 承揽合同是指承揽人与________约定，由承揽人按定作人的要求完成一定的工作，并将工作成果交付给定作人，定作人为此支付________给承揽人的合同。

18. 承揽合同的承揽人应当以自己的________、________和劳力来完成主要工作。

19. 以运输对象为标准，运输合同可以分为________运输合同和________运输合同；以承运人的多少为标准，可以分为________运输合同和________运输合同。

20. 保管合同是指双方当事人约定一方当事人保管另一方当事人交付的________，并返还________的合同。

21. 仓储合同是指当事人双方约定由保管人为________保管储存的货物，________为此支付报酬的合同。

22. 技术合同是当事人就________、转让、________或服务订立的确立相互之间权利和义务的合同；技术合同可以分为________合同、________合同、________合同和________合同。

二、单项选择题

1. 根据我国《合同法》的规定，下列各项属于合同法调整范围的是(　　)。

A. 买卖关系　　B. 企业内部管理关系

C. 婚姻关系　　D. 行政管理关系

2. 按照我国法律设立的外资企业与我国内资企业订立的买卖合同适用(　　)。

A. 中华人民共和国合同法　　B. 外资企业法

C. 与合同有最密切联系国家的法律　　D. 外国法律

3.《中华人民共和国合同法》的实施时间是(　　)。

A. 1999 年 1 月 1 日　　B. 1999 年 3 月 15 日

C. 1999年9月1日　　D. 1999年10月1日

4. 我国《合同法》规定，中外合作勘探开发自然资源合同争议适用(　　)。

A. 被诉方国家的法律

B. 中外双方当事人选择适用的国家或地区的法律

C. 中华人民共和国的法律

D. 受案仲裁机构或人民法院确定的国家的法律

5. 无效合同(　　)。

A. 自宣告无效之时起无效　　B. 产生纠纷之时起无效

C. 自订立时起无效　　D. 自履行时起无效

6. 法人或者其他组织的法定代表人、负责人超越权限订立合同的行为，一般情况下，该代表行为(　　)。

A. 有效　　B. 视为有效

C. 无效　　D. 经追认有效

7. 当事人采用合同书形式订立合同的，合同成立的地点为(　　)。

A. 当事人住所地　　B. 当事人主营业地

C. 标的物所在地　　D. 双方当事人签字或盖章地

8. 我国对合同权利转让采取的是(　　)。

A. 自由主义　　B. 通知主义

C. 法定主义　　D. 当事人同意主义

9. 上海大地贸易有限公司与南京兴旺贸易有限公司订立了一份租赁合同，合同的标的物是德国进口的大型运输汽车。承租方为兴旺公司，出租方为大地公司，租期为3年，租金为每月2万元，双方约定，合同期届满后，汽车归承租方所有。此合同为(　　)。

A. 有效的融资租赁合同　　B. 有效的财产租赁合同

C. 可变更可撤销合同　　D. 无效合同

10. 张三与李四签订房屋租赁合同一份：张三将自己的房屋出租给李四。后来由于李四长期拖欠房租，经多次催要仍然不予交付，根据我国《合同法》的规定，张三有权选择(　　)进行处理。

A. 单方解除合同，并要求李四补交房租

B. 必须与李四协商解除合同，并要求李四补交房租

C. 必须向仲裁机构申请解除合同，并要求李四补交房租

D. 必须向法院申请解除合同，并要求李四补交房租

11. 我国《合同法》规定，租赁合同的租赁期限不得超过（　　），若有超过，超过部分无效。

A. 5 年　　B. 10 年

C. 15 年　　D. 20 年

12. 合作开发完成的发明创造，除当事人另有约定的以外，申请专利的权利属于（　　）。

A. 一方当事人所有　　B. 双方当事人协商决定

C. 合作开发的当事人共有　　D. 约定的第三方所有

13. 保管合同保管方因过错造成货物毁损，其赔偿额应按（　　）价格计算。

A. 批发价　　B. 市场销售价

C. 进货价　　D. 物价部门的最高销售限价

14. 旅客王明投宿一酒店，将一只装有 2 万元现金及其他物品的箱子寄存在服务总台，当班的服务员当面清点了物品。过了两天，当王明凭寄存收据领取箱子时，却发现箱子已被他人领走，根据我国《合同法》的规定，酒店（　　）。

A. 应赔偿王明全部损失，因为双方的保管合同成立

B. 酌情对王明进行赔偿，因为双方的保管合同不成立

C. 酌情对王明进行赔偿，因为双方的保管合同无效

D. 应承担主要责任，王明应承担部分责任，因为双方保管合同成立

15. 甲有一处私房，现租给乙居住。租赁期间，甲与丙协商后，将该私房卖给了丙。根据我国《合同法》的有关规定，下列表述不正确的是（　　）。

A. 若乙要求以同等条件购买该房，则其享有优先购买权

B. 甲应将该房出租给乙的事实告知丙

C. 丙支付房款后即可取得该房的所有权

D. 乙若不知该出租房已出卖给丙，乙在租赁期届满时，提出按丙同等条件购买该房，则该房应该出卖给乙

16. 根据《合同法》的规定，借款合同中，若双方当事人对借款期限没有约定或者约定不明确，依照《合同法》第 61 条的规定仍不能确定借款期限的，借款人（　　）。

A. 必须马上返还借款　　B. 经贷款人催要后马上返还借款

C. 必须在 3 个月内返还借款　　D. 可以随时返还借款

三、多项选择题

1. 下列选项中，属于要约邀请的是（　　）。

A. 拍卖公告　　B. 商品价目表

C. 投标书　　D. 悬赏广告

2. 根据我国《合同法》的规定，合同的主体可以为（　　）。

A. 自然人　　B. 法人

C. 社会组织　　D. 其他经济组织

E. 个体经营户、专业户

3. 根据我国《合同法》的规定，合同的主要条款一般包括（　　）等。

A. 标的　　B. 质量

C. 价款或酬金　　D. 担保条款

E. 违约责任

4. 当事人解决合同争议的途径包括（　　）。

A. 和解　　B. 仲裁

C. 诉讼　　D. 调解

E. 行政途径解决

5. 根据《合同法》的规定，当事人可以解除合同的情形有（　　）。

A. 因不可抗力致使不能实现合同目的

B. 当事人一方明确表示不履行主要债务

C. 当事人一方迟延履行主要债务，经催告后在合同合理期限内仍未履行

D. 当事人一方迟延履行债务，致使不能实现合同目的

E. 当事人一方严重违约

6. 合同履行中的抗辩权包括（　　）。

A. 同时履行抗辩权　　B. 后履行抗辩权

C. 先履行抗辩权　　D. 不安履行抗辩权

E. 检索抗辩权

7. 合同被撤销后，对因该合同取得的财产，当事人可能承担的民事责任包括（　　）。

A. 返还财产　　B. 折价赔偿

C. 赔偿损失　　D. 支付违约金

E. 赔礼道歉

8. 根据我国有关法律及行政法规的规定，必须经过有关审批机构审批后方能生效的合同包括（　　）。

A. 中外合资经营企业合同　　B. 中外合作经营企业合同

C. 涉外贸易合同　　D. 技术转让合同

E. 对外合作开采海洋石油资源合同

9. 下列合同中，属于有名合同的有（　　）。

A. 保管合同　　B. 买卖合同

C. 赠与合同　　D. 承揽合同

E. 电子认证合同

10. 租赁合同中，承租方的主要义务有（　　）。

A. 按合同约定方法使用租赁物　　B. 支付租金

C. 不得擅自转租租赁物　　D. 租赁期届满时返还租赁物

E. 维修租赁物

11. 赠与合同中，受赠人有（　　）情形，赠与人可以撤销赠与。

A. 严重侵害赠与人或者赠与人的近亲属

B. 对赠与人有扶养义务而不履行

C. 不履行赠与合同约定的义务

D. 赠与人死亡

E. 赠与人的经济状况显著恶化

12. 租赁合同的法律特征有（　　）。

A. 是转让财产使用权的合同　　B. 其标的物是特定的不可消耗物

C. 是双务、有偿合同　　D. 是诺成合同

E. 具有非永续性

13. 融资租赁合同的法律特征有（　　）。

A. 是转移财产使用权的合同　　B. 属于双务、有偿合同

C. 是诺成性合同　　D. 属于要式合同

E. 属于有名合同

14. 保管合同的法律特征有（　　）。

A. 一般为实践性合同　　B. 为不要式合同

C. 以物品的保管为目的　　D. 必须转移标的物的占有

E. 可为有偿合同，也可为无偿合同

四、判断题

1. 债权人依法行使代位权，就其结果可以优先受偿。（ ）

2. 承诺生效，合同成立。（ ）

3. 合同当事人违约，但未给对方当事人造成损失的，可以不支付违约金。（ ）

4. 合同生效后，当事人不得因姓名、名称的变更或者法定代表人、负责人、承办人的变动而不履行合同义务。（ ）

5. 当合同债权债务同归于一人时，合同即告终止。（ ）

6. 租赁合同的租赁期限为6个月以上的，必须采用书面形式。（ ）

7. 一般情况下，出卖具有知识产权的计算机软件等标的物的，该标的物的知识产权不属于买受人。（ ）

8. 借款合同中，贷款方可以预先在本金中扣除利息。（ ）

9. 自然人之间的借款合同利息可以自行约定，不受国家限制利息的规定约束。（ ）

五、名词解释

1. 缔约过失责任
2. 合同的履行
3. 合同的变更
4. 合同的解除
5. 合同的终止
6. 预期违约
7. 不安抗辩权

六、简答题

1. 简述合同自愿原则的内容。
2. 简述要约的失效情形。
3. 简述缔约过失责任的法律特征。
4. 简述不安抗辩权中当事人可以中止合同履行的情形。
5. 合同解除的法律特征。
6. 简述合同变更的要件。

7. 简述合同终止的条件。

8. 简述合同解除的条件。

9. 简述合同解除的事由。

七、论述题

试述涉外合同的法律适用。

参 考 答 案

一、填空题

1. 1999 3 15 2. 自然人 法人 3. 民事 身份 4. 与合同有最密切联系 5. 要约 承诺 6. 履行义务的一方 7. 新价格 原价格 8. 双方协议 法定 约定 9. 不履行 预期违约行为 10. 继续履行 赔偿损失 补救措施 11. 不能收回 双倍返还 12. 法定免责 约定免责 不可抗力 13. 所有权 价款 14. 租赁物 租金 15. 报酬 16. 金融机构 金钱 利息 17. 定作人 报酬 18. 技术 设备 19. 旅客 货物 单一 联合 20. 物品 该物品 21. 存货人 存货人 22. 技术开发 咨询 技术开发 技术转让 技术咨询 技术服务

二、单项选择题

1. A 2. A 3. D 4. C 5. C 6. A 7. D 8. B 9. B 10. A 11. D 12. C 13. B 14. A 15. C 16. D

三、多项选择题

1. AB 2. ABCDE 3. ABCE 4. ABCD 5. ABCD 6. ABCD 7. ABC 8. ABE 9. ABCD 10. ABCD 11. ABC 12. ABCDE 13. ABCDE 14. ABCDE

四、判断题

1. 错误 2. 正确 3. 错误 4. 正确 5. 正确 6. 正确

7. 正确　　8. 错误　　9. 错误

五、名词解释

1. 缔约过失责任：是指在签订合同过程中，由于一方当事人的过失使本应成立的合同未成立，并给相对无过失当事人为签约而造成了损失，有过失的一方当事人就此损失应承担的赔偿责任。

2. 合同的履行：是指合同当事人按照合同约定，各自全面地、适当地承担及完成其义务，实现相对合同当事人权利的行为。

3. 合同的变更：是指在法律上有效成立的合同在尚未履行或未履行完毕之前，由于发生了一定的法律事实而使得合同的内容发生改变。

4. 合同的解除：是指在合同有效成立后，在一定条件下通过当事人的单方行为或者双方合意，使基于合同产生的民事权利义务关系归于消灭的行为。

5. 合同的终止：是指因法律规定的一定事由的产生或出现使合同的权利义务归于消灭。

6. 预期违约：是指合同履行期限届满之前，当事人一方明确表示或者以自己的行为表明不履行合同义务的行为。

7. 不安抗辩权：又称中止履行权或先履行抗辩权，是指双务合同成立后，应当先履行债务的当事人，有确切证据证明对方不能履行债务或者有不能履行债务的可能时，在对方没有履行或者没有提供担保之前，有中止履行合同义务的权利。

六、简答题

1. 简述合同自愿原则的内容。

答：我国《合同法》第 4 条规定："当事人依法享有自愿订立合同的权利，任何单位和个人不得非法干预。"合同自愿原则又称为合同自由原则，它包括以下几个方面的内容：

(1) 当事人有自愿决定是否订立合同而进行协商以及自主选择合同相对当事人的自由；

(2) 当事人有决定合同内容的自由，只要在法律允许的前提下，当事人自愿协商合同条款；

(3) 在协商一致的条件下，当事人有自愿变更或解除合同的权利；

(4) 当事人有选择合同形式,创设合同类型的自由。

2. 简述要约的失效情形。

答:根据《合同法》规定,有下列情况之一的,要约失效:

(1) 拒绝要约的通知到达要约人;

(2) 要约人依法撤销要约;

(3) 承诺期限届满,受要约人未作出承诺;

(4) 受要约人对要约的内容作出实质性的变更。

3. 简述缔约过失责任的法律特征。

答:(1) 缔约过失责任产生于缔结合同过程中。

(2) 一方违反其依诚实信用原则所应负的先合同义务。

(3) 造成另一方信赖利益损失。

(4) 是一种弥补性的民事责任。

4. 简述不安抗辩权中当事人可以中止合同履行的情形。

答:根据《合同法》第 68 条规定,应当先履行债务的当事人,有确切证据证明对方有下列情形之一的,可以终止履行:

(1) 经营状况严重恶化。

(2) 转移财产、抽逃资金,以逃避债务。

(3) 丧失商业信誉。

(4) 有丧失或者可能丧失履行债务能力的其他情形。

5. 合同解除的法律特征。

答:合同的解除具有以下法律特征:

(1) 合同解除的对象是已经有效成立的合同;

(2) 合同解除需通过当事人的解除行为来实现,解除行为包括合同当事人双方协商一致解除的双方行为,也包括行使解除权的单方行为。协商一致解除合同依据的是合同自由原则,而单方解除合同则包括法定解除权与约定解除权两种情形。

6. 简述合同变更的要件。

答:根据《合同法》规定,合同变更必须符合以下条件:

(1) 原先已存在合同关系;

(2) 合同的内容发生了变化;

(3) 合同的变更应依当事人的协议或法律直接规定及法院的裁决而进行;

(4) 应遵守关于合同变更的法律的形式要求。

7. 简述合同终止的条件。

答:《合同法》第 91 条规定,有下列情形之一的,合同的权利义务终止:

(1) 债务已经按照约定履行;

(2) 合同解除;

(3) 债务相互抵销;

(4) 债务人依法将标的物提存;

(5) 债务人免除债务;

(6) 债权债务同归于一人;

(7) 法律规定或者当事人约定终止的其他情形。

8. 简述合同解除的条件。

答:解除合同必须具备的条件如下:

(1) 合同有效成立;

(2) 具有解除事由;

(3) 在期限之内行使解除权;

(4) 须有解除行为

9. 简述合同解除的事由。

答:根据合同法的规定,具有下列事由之一的,当事人可以解除合同:

(1) 当事人协商一致;

(2) 约定的解除条件成就;

(3) 因不可抗力致使不能实现合同目的;

(4) 当事人一方有预期违约行为;

(5) 当事人一方迟延履行主要债务,经催告后在合理期限内仍未履行;

(6) 当事人一方迟延履行债务或有其他违约行为致使不能实现合同目的;

(7) 法律规定的其他情形。

七、论述题

试述涉外合同的法律适用。

答:所谓涉外合同的法律适用是指合同关系的一方或者双方当事人是外国人、无国籍人、外国法人的,或者合同标的物在外国领域的、或者产生、变更或者消灭合同权利义务关系的法律事实发生在国外的涉外合同关系应适用哪个国家的法律进行调整的问题。根据我国有关法律的规定，我国法院在处理涉外合同纠纷时，应按以下原则办理：

(1) 适用当事人选择的法律的原则。我国《合同法》第 126 条第 1 款规定："涉外合同的当事人可以选择处理合同争议所适用的法律，但法律另有规定的除外。"在合同纠纷发生后，当事人在双方协调一致和明示的条件下，可以选择合同所适用的法律，除法律另外规定的外，法院在受理涉外合同后，应当适用当事人选择的法律。

(2) 适用与合同有最密切联系的国家法律的原则。《合同法》第 126 条第 1 款规定："涉外合同当事人没有选择的，适用与合同有最密切联系的国家的法律"。法院按照最密切联系原则确定应适用法律通常情况如下：

第一，国际货物买卖合同使用合同订立时卖方营业所所在地的法律；

第二，银行贷款或者担保合同适用贷款银行担保银行所在地法律；

第三，保险合同适用保险人营业所所在地的法律；

第四，加工承担合同适用加工承担人营业所在地的法律；

第五，技术转让合同适用受让人营业所所在地法律；

第六，工程承包合同适用工程所在地法律；

第七，科技咨询或设计合同适用委托人营业所所在地法律；

第八，劳务合同适用劳务实施地法律；

第九，成套设备供应合同适用设备安装运转地法律；

第十，代理合同适用代理人营业所所在地的法律；

第十一，不动产租赁、买卖或抵押的合同，适用不动产所在地法律；

第十二，动产租赁合同适用出租人营业所所在地法律；

第十三，仓储保管合同适用仓储保管合同人营业所所在地法律。

(3) 3 类特殊涉外合同适用中国法的原则。《合同法》第 126 条第 2 款规定："在中华人民共和国境内履行的中外合资经营企业合同、中外合作经营企业合同和中外合作勘探开发自然资源的合同，适用中华人民共和国法律。"因此，前述 3 类合同只能适用中国法律。

(4) 适用国际条约的原则。《民法通则》第 142 条第 2 款规定："同中华人民共和国的民事法律有不同规定的，适用国际条约的规定，但中华人民共和国声明保留的条款除外。"

(5) 适用国际惯例的原则。《民法通则》第 142 条第 3 款规定："中华人民共和国法律和中华人民共和国缔结或参加的国际条约没有规定的，可以适用国际惯例。”

(6) 违反我国社会公共利益的外国法律或者国际惯例不予适用的原则。《民法通则》第 150 条规定:“如果依照我国法律的有关规定应适用的法律为外国法律或国际惯例时,若适用的法律违反我国法律的基本原则和社会公共利益时,则不予适用,而适用我国相应的法律。”

第二章　担保法律制度

本章知识重点提示

- 担保的定义
- 担保的种类
- 一般保证与连带责任保证的区别
- 抵押与质押的定义与区别
- 抵押登记
- 留置的定义和效力
- 定金的定义和定金罚则

一、填空题

1. 保证是指保证人和债务人约定，当债务人________时，保证人按照约定履行债务或者承担责任的行为。

2. 保证的方式一般有________和________两种。

3. 我国《担保法》规定的担保形式主要有________、________、________、________、________等。

4. 抵押权的实现方式有________、________、________3 种。

5. 质权是指债权人对债务人或________移转________而供担保的________或________得就其价值________的权利。

6. 留置权指按照合同约定占有债务人财产的债权人，在债务人不按期履行债务的条件下，得留置其________以保证其债权实现的担保物权。

7. 因________、________、________合同而发生的债权，债务人不履行债务的，债权人有留置权。

8. 在定金担保中，给付定金的一方不履行约定的债务的，________返还定金；收受定金的一方不履行约定的债务的，应当双倍返还定金。

9. 定金的数额由________约定，但不得超过主合同标的额的________。

10. 质押分为________质押和________质押两种。

11. 质押中的债务人或第三人称为________，债权人为________，移交的动产或权利为________。

12. 动产质押合同自质物移交于质权人________时生效。

13. 定金合同从________之日起生效。

14.《担保法》规定：如果当事人对保证方式没有约定或者约定不明的，按照________承担保证责任。

二、单项选择题

1. A公司与B公司签订一份借款协议，借款金额500万元，月利率20%，期限为2000年1月5日至7月5日。A公司请C公司担保，C公司出具担保书规定：借款人到期不还，担保人负责清偿，担保期至借款人全部本息还清时止。事后A公司无力偿还，B公司于2001年9月5日向保证人C公司要求还债：(　　)

A. 尽管借款利率高于银行贷款利率，但主合同有效，公司应负保证责任

B. 尽管主合同无效但保证合同有效，C公司仍应承担保证责任

C. 企业间禁止借贷，故主合同无效。主合同无效，则保证合同无效。A、B公司均有过错，依各自过错承担责任，C公司承担主从合同无效后的责任

D. 主合同有效，保证合同无效，C公司不用负责

2. 保证合同的当事人是(　　)。

A. 保证人与主债务人　　B. 保证人与主债权人

C. 主债务人与主债权人　　D. 保证人与主债务人、主债权人

3. 以下可以作为抵押标的物的是(　　)。

A. 房屋　　B. 实用新型专利

C. 采矿权　　D. 土地

4. 保证人承担责任后，在其代为履行的范围内，有权(　　)。

A. 以自己的名义向债务人追债　　B. 以债权人的名义向债务人追偿

C. 向债权人请求返还　　D. 向债权人、债务人要求偿还

5. 下列担保类型中不属于担保物权的是(　　)。

A. 保证　　B. 抵押

C. 质押　　　　　　　　　　　　　　D. 留置

6. 张某向王某借款1万元，约定年息为15%，并由李某提供了保证，现王某欲将该债权移转给宋某，在原保证合同对债权转移并无任何约定的情况下，下列哪一项所述的内容是正确的？（　　）

A. 如果该债权发生移转，李某即免除了保证责任

B. 如果该债权发生移转，李某应在原保证担保的范围内继续承担保证责任

C. 该债权的移转必须得到李某的同意，李某才能在原保证担保的范围内继续承担保证责任

D. 该债权发生移转并由王某通知了李某后，李某即在原保证担保的范围内继续承担保证责任

7. 甲为私营企业主，为了扩大经营，需要资金，遂向所在地的乙农村信用社申请贷款10万元，信用社要求甲提供担保，甲遂将其企业的一座厂房设定抵押于信用社。双方签订抵押合同后，因当地县级以上人民政府没有对村办企业厂房抵押登记部门作出规定，经协商，到当地房产管理部门办理了抵押登记。甲取得贷款后投入生产，不料因决策失误，遭受巨大亏损。为了挽回损失，甲将该座厂房转让给丙。乙信用社得知后，提出异议。丙以甲、乙所设抵押无效为由，主张应由其取得厂房所有权。据此，请判断，下列选项中，正确的是：（　　）。

A. 甲与乙所设抵押，因登记部门不符合法律规定，故抵押无效

B. 甲与乙所设抵押有效，在抵押权存续期间，甲出卖抵押物的行为无效

C. 甲与乙所设抵押有效，甲亦得出卖抵押物，乙不得就厂房主张抵押权

D. 甲与乙所设抵押有效，甲与丙所签订合同亦有效，但乙仍可就厂房主张抵押权

8. 甲银行与乙公司签订借款合同，约定甲银行借款200万元给乙公司，乙公司以一幢竣工不久的价值215万元的综合服务楼设定抵押。借款尚未到期，综合服务楼由于严重的施工质量问题而垮塌。该楼施工单位为丙建筑工程公司。因综合服务楼垮塌，乙公司的生产经营状况恶化，其债权人丁、戊等均上门讨债，并要求乙公司将丙建筑公司所赔付款项在各债权人之间公平分配。对此，甲银行表示异议。通过诉讼，丙公司赔偿数额为150

万元，甲银行债权已届清偿期。下列表述正确的是：（　　）。

A. 丙公司赔偿款应由甲银行优先获得清偿

B. 丙公司赔偿款应由向乙公司主张权利的债权人平均分配

C. 丙公司赔偿款应由乙公司决定向谁清偿

D. 丙公司赔偿款应由乙公司全体债权人平均分配

9. 甲公司与乙达成别墅预售协议，由甲公司将一套别墅卖给乙，双方约定，合同总价款200万元，乙交付定金50万元，并约定："甲公司违约，应3倍返还定金，并不得以定金过高为由，申请法院减少其数额。"后因甲公司工期延长，无法按时交付别墅，引发纠纷。经查，乙因此受到损失10万元。对此，下列说法正确的是（　　）。

A. 甲公司应向乙最多返还150万元

B. 甲公司应向乙最多返还100万元

C. 甲公司应向乙最多返还90万元

D. 甲公司应向乙最多返还60万元

10. 甲公司分别向乙银行和丙银行贷款20万元，并以自己所有的一辆价值40万元的奥迪车抵押和质押给乙银行和丙银行，甲公司与乙银行签订了抵押合同，但为省钱而未到登记部门办理抵押登记。甲公司与丙银行签订了质押合同，但未将该车交付给丙银行。因甲公司无力向丙银行和乙银行还款，拍卖该车所得价款为20万元，乙银行和丙银行均主张该20万元应向自己清偿。该20万元应如何清偿？（　　）

A. 全部偿还给乙银行

B. 全部偿还给丙银行

C. 由甲公司决定还给乙银行或者丙银行

D. 丙银行和乙银行平均受偿

11. 甲公司欠乙公司的货款已逾3年，丙又擅自为乙公司提供保证担保。后因甲公司主张对乙公司的债务已过诉讼时效，人民法院驳回乙公司对甲公司的诉讼。乙公司又向人民法院主张对丙的保证之债。对此，下列说法正确的是（　　）。

A. 甲公司对乙公司的主债务无效，从而丙对乙公司的保证之债也无效

B. 甲公司对乙公司的主债务已过诉讼时效，丙的保证之债也成为自然之债

C. 丙应对乙公司的债权承担保证责任

D. 丙对乙公司的债权承担保证责任后，享有对甲公司的追偿权

三、判断题

一般保证的保证人在主合同纠纷未经审判或仲裁，并就债务人财产依法强制执行仍不能履行债务前，对债权人可以拒绝承担保证责任。（　　）

四、名词解释

1. 抵押
2. 权利质押
3. 连带保证责任

五、案例题

案例 1　冯系养鸡专业户，为改建鸡舍和引进良种鸡需资金 20 万元。冯向陈借款 10 万元，以自己的一套价值 10 万元的音响设备抵押，双方立有抵押字据，但未办理登记。冯又向朱借款 10 万元，又以该音响设备质押，双方立有质押字据，并将设备交付朱占有。冯得款后，改造了鸡舍，且与县良种站签订了良种鸡引进合同。合同约定良种鸡款共计 2 万元，冯预付定金 4 000 元，违约金按合同总额的 10％计算，冯已销售肉鸡的款项偿还良种站的货款。合同没有明确约定合同的履行地点。后县良种站将良种鸡送交冯，要求支付运费，冯拒绝。因发生不可抗力事件，冯预计的收入落空，冯因不能及时偿还借款和支付货款而与陈、朱及县良种站发生纠纷。诉至法院后，法院查证上述事实后又查明：朱占有该设备期间，不慎将该设备损坏，送蒋修理。朱无力交付蒋的修理费 1 万元，该设备已被蒋留置。试问：

（1）冯与陈之间的抵押关系是否有效？为什么？

（2）冯与朱之间的质押关系是否有效？为什么？

（3）朱与蒋之间是何种法律关系？

（4）对该音响设备陈要求行使抵押权，朱要求行使质押权，蒋要求行使留置权，应由谁优先行使其权利？为什么？

（5）冯无力支付县良种站的货款，合同中规定的定金条款和违约金条款可否同时适用？为什么？

（6）县良种站要求冯支付送鸡费，该请求应否支持？为什么？

(7) 冯对县良种站提出不可抗力的免责抗辩，能否成立？为什么？

案例2 甲向乙借钱10万元，将自己的私人摄像机作为抵押，并与乙订了书面抵押合同，但没有登记 。之后，甲又向丙借钱10万元，将已经作抵押了的私人摄像机交给不知情的丙占有，作为质押。后来甲经营失利，无力偿债。其间，丙把该摄像机损坏，交由丁修理，修理费用2万元，丙没有支付2万元修理费，丁留置该家用电器。请问：

(1) 甲、乙之间抵押合同是否有效？为什么？

(2) 甲、丙之间质押是否有效？为什么？

(3) 丁能否留置该家用电器？为什么？

案例3 某省房地产公司因兴建住宅楼资金不足，向自然人任某借款50万元，借款期限为1年。双方约定，房地产公司以正在建筑的住宅一楼的二套三居室（总计250平方米）作抵押，到期不能归还借款，该房归任某所有。该抵押未办理抵押登记。时隔不久，房地产公司又因资金不足，又与第三人中国建设银行该省支行签订了最高额为150万元的抵押借款合同，借款期限为1年，并以正在兴建的住宅楼地产（价值180万元）作抵押，并办理了抵押登记手续。合同签订后，该房地产公司分3次从建设银行取得150万元贷款投入建设。不久，任某及建设银行的借款双双到期，房地产公司未及时还款，问：

(1) 任某与房地产公司的抵押关系是否有效？为什么？

(2) 任某与房地产公司的抵押合同的内容有哪些不妥之处？

(3) 假设住宅楼因房地产公司无力还款被180万元拍卖，任某可以主张支付多少拍卖款项？

参考答案

一、填空题

1. 不履行债务　2. 一般保证　连带责任保证　3. 保证　抵押　质押　定金　留置　4. 拍卖　变卖　折价　5. 第三人　占有　动产　权利　优先受偿　6. 财产　7. 保管　运输　加工承揽　8. 无权要求　9. 当事人　20%　10. 动产质押　权利质押　11. 出质人　质权人　质物　12. 占有　13. 实际交付　14. 连带责任保证

二、单项选择题

1. C　2. B　3. A　4. A　5. A　6. C　7. D　8. A　9. C　10. C　11. C

三、判断题

正确

四、名词解释

1. 抵押：是指债务人或者第三人不转移财产的占有而将该财产作为保证债权人债权实现的担保。

2. 权利质押：是指当事人为了担保债权的实现，以债权或其他可让与的财产权力为质押财产的质权，它是一种重要的担保形式。

3. 连带保证责任：指当事人在保证合同中约定保证人与债务人对债务承担连带责任的保证。

五、案例题

案例 1　答：(1) 有效。因双方立有抵押字据，根据《担保法》规定以音响设备作抵押无须登记。

《担保法》第 43 条规定：当事人以其他财产抵押的，可以自愿办理抵押物登记，抵押合同自签订之日起生效。当事人未办理抵押物登记的，不得对抗第三人。当事人办理抵押物登记的，登记部门为抵押人所在地的公证部门。第 41 条规定当事人以本法第 42 条规定的财产抵押的，应当办理抵押物登记，抵押合同自登记之日起生效。根据第 42 条的规定，下列财物应办理抵押物登记：无地上定着物的土地使用权；城市房地产或者乡(镇)、村企业的厂房等建筑物；林木；航空器、船舶、车辆；企业的设备和其他动产。

(2) 有效。因双方立有质押字据，并且质物已经转移占有。

《担保法》第 64 条规定：出质人和质权人应当以书面形式订立质押合同。质押合同自质物移交于质权人占有时生效。

(3) 承揽合同关系。

《合同法》第 251 条规定：承揽合同是承揽人按照定作人的要求完成工作，交付工作成果，定作人给付报酬的合同。承揽包括加工、定作、修理、复制、测试、检验等工作。

(4) 蒋优先行使其留置权。根据担保法原理，留置权优先。

留置权是法定担保物权，而抵押权和质权是约定担保物权，根据物权法原理，法定担保物权的效力优先于约定担保物权。

(5) 不可以。《合同法》规定当事人只能选择其一。

《合同法》第116条规定：当事人既约定了违约金，又约定定金的，一方违约时，对方可以选择适用违约金或者定金条款。

(6) 不应支持。合同的履行地应为县良种站。

《合同法》第62条规定：履行地点不明确，给付货币的，在接受货币一方所在地履行；交付不动产的，在不动产所在地履行；其他标的，在履行义务一方所在地履行。

案例2 答：(1) 抵押有效。私人摄像机不属于法定登记的抵押物，故该抵押不登记也生效。但是不登记不能对抗善意第三人。

(2) 质押生效。质押合同生效以质押物的交付为要件。

(3) 可以留置。《担保法》规定因保管合同、运输合同、加工承揽合同及法律规定可以留置的其他合同发生的债权，债务人不履行债务的，债权人有留置权。

案例3 答：(1) 无效。房屋抵押合同应以登记为生效条件。本案中，任某未办理抵押物登记，抵押权不产生。

(2) 约定"到期不能归还借款，该房归任某所有"不妥。《担保法》规定：当事人不得在合同中预先约定"当债务人到期不履行债务时，抵押财产转归债权人所有"。若有约定，该约定无效。

(3) 至多30万元。

第三章　金融法律制度

本章知识重点提示

- 金融的概念
- 金融法的调整对象
- 中国人民银行的性质、地位和职责
- 中国人民银行的法定业务
- 商业银行的概念
- 商业银行的性质和特点
- 商业银行与公司企业法人的区别
- 商业银行的组织形式
- 商业银行设立的条件
- 商业银行终止的法定情形
- 存款、贷款的概念
- 外汇及外汇管理的概念
- 结汇及售汇的概念
- 经常性外汇项目的定义
- 资本项目的定义
- 票据的概念
- 票据活动的一般规则
- 汇票的定义
- 背书、承兑、保证、付款及票据的追索权的定义
- 本票、支票的定义
- 涉外票据的法律适用
- 证券及证券法的概念
- 证券的发行的概念
- 证券的上市的概念
- 证券法禁止的交易行为

● 证券交易所和证券公司的概念
● 证券交易公司的业务及分类
● 保险和保险法
● 保险法的基本原则
● 保险合同的主要内容
● 保险业的监督管理

一、填空题

1. 金融法的调整对象是________，它是在________活动和________活动中形成的社会关系。

2. ________是中华人民共和国的中央银行，是在国务院领导下的一个________，其________政策，对金融业实施________。

3. 商业银行是指依照________和________设立的吸收公众存款、发放贷款、办理结算等业务的________。

4. 政策性银行不经营________业务，不以盈利为目标，实行________原则。

5. 商业银行的组织形式包括________和________两种基本形式。

6. ________、________、________和________属于国有独资银行，必须适用《公司法》中有关国有独资公司的规定。

7. 经常项目外汇是指国际收支中经常发生的交易项目，包括________、________和________等。

8. 个人的外汇储蓄存款实行________、________、________和________的原则。

9. 根据我国《票据法》的规定，我国的票据仅指________、________和________3种。

10. 票据的签发、取得和转让应当遵守诚实信用的原则，必须具有真实的________关系和________关系。

11. 根据我国《证券法》的规定，证券的发行和交易活动实行公开、________、________原则。

12. 证券的发行和交易活动禁止________、________和操纵证券交易市场的行为。

13. ________依法对全国证券市场实行集中统一监督管理。

14. 保险法的基本原则包括________、________、________和________的原则。

二、单项选择题

1. 根据我国《商业银行法》的规定，商业银行可以根据市场形势的需要，自行决定信贷资产业务，但是为了防范金融风险，商业银行不得向关系人发放下列哪项贷款？（　　）

A. 比市场利率低的优惠贷款

B. 期限超过5年的长期借款

C. 无须借款人提供担保的信用贷款

D. 非国家计划内项目的外汇贷款

2. 商业银行是依照《商业银行法》和《公司法》的规定设立的吸收公众存款、发放贷款、办理结算等业务的（　　）。

A. 企业法人　　B. 股份有限公司

C. 有限责任公司　　D. 国有企业

3. 商业银行具有独立的民事权利能力和民事行为能力，依法自主经营、自负盈亏，以其（　　）独立承担民事责任。

A. 全部法人财产　　B. 自有资产

C. 注册资本　　D. 净资产

4.《中华人民共和国商业银行法》规定，我国的商业银行的组织形式除有限责任公司外，还有哪种？（　　）

A. 合作银行　　B. 合伙制企业

C. 股份有限公司　　D. 中外合资企业

5. 股份有限公司制银行，其全部资本划分为等额股份，股东以其所持股份为限对银行承担责任，银行以什么对银行的债务承担责任？（　　）

A. 股东投资为限　　B. 银行净资产为限

C. 银行注册资金为限　　D. 其全部资产

6. 有限责任公司制银行的股东，以其（　　）对银行的债务承担责任。

A. 以出资额为限　　B. 以股东权益为限

C. 以自有资产为限　　D. 以实际投资为限

7. 商业银行根据业务需要，可以在我国境内外设立分支机构，设立分支机构须报（　　）批准。

A. 国家财政部

B. 国家计划发展委员会

C. 中国人民银行

D. 商业银行总行所在地的人民政府

8.《商业银行法》第 43 条规定，商业银行在我国境内不得从事信托投资和股票业务，不得投资于(　　)，不得向非银行金融机构和企业投资，以保证银行资金的运作安全。

A. 不动产　　B. 无形财产的开发

C. 非自用不动产　　D. 房地产

9. 当商业银行已经或者可能发生信用危机，严重影响(　　)的利益时，中国人民银行可以对该银行实行接管。

A. 存款人　　B. 投资人

C. 股东　　D. 国家

10. 商业银行自被接管之日起，由接管组织行使商业银行的经营管理权，接管组织的组成人员由(　　)。

A. 中国人民银行根据债权人的请求作出决定

B. 中国人民银行指定

C. 由商业银行根据需要自行决定

D. 人民法院根据债权人的请求裁定

11. 清算组织对商业银行进行清算，应首先及时偿还(　　)。

A. 所欠国税款项　　B. 所欠地税款项

C. 存款本金和利息　　D. 个人的存款本金和利息

12. 个人携带外汇出境，公费出国人员，可按需带出，其他携带外汇出境的，不得超过(　　)美元或等值货币。

A. 1 000　　B. 3 000

C. 5 000　　D. 7 000

13. 驻华机构和来华人员由境外汇入或携带入境的外汇(　　)。

A. 不得私自保存

B. 必须存入银行

C. 可以自行保存，也可以存入银行或卖给外汇指定银行

D. 必须卖给外汇指定银行

14. 外债登记由(　　)负责，并定期公布外债情况。

A. 国务院外汇管理部门 B. 国务院对外贸易经济合作部

C. 国务院财政部 D. 国家统计局

15. 在票据上的签章应当是当事人的(　　)。

A. 学名 B. 笔名

C. 外文名 D. 本名

16. 由出票人签发的,委托付款人在见票时或者在指定日期无条件支付确定的金额给收款人或持票人的票据叫做(　　)。

A. 股票 B. 支票

C. 汇票 D. 本票

17. 本票自出票之日起,付款最长期限不得超过(　　)。

A. 2个月 B. 3日

C. 15日 D. 1个月

18. 支票的持票人应自出票日起(　　)内提示付款。

A. 15日 B. 5日

C. 10日 D. 30日

19. 根据我国《票据法》的规定,签章是票据行为生效的一个必要条件,以下哪个不是票据的签章?(　　)

A. 某甲为个体户,在其发出的一张票据上的签名

B. 乙为一有限责任公司,其在自己发出的一张票据上盖上法人的公章,并有法定代表人的签名

C. 乙为一有限责任公司,其在自己发出的一张票据上盖上法人的公章

D. 乙为一有限责任公司,丙为乙公司法定代表人授权之人,有权代表法定代表人签章。乙发出了一张票据,在票据上盖上了乙公司的财务专用章,并有丙的签名

20. 收到挂失止付通知的付款人应承担停止付款的义务,否则应当承担(　　)。

A. 经济责任 B. 行政责任

C. 民事赔偿责任 D. 刑事责任

21. 票据关系是指当事人之间基于(　　)而发生的债权债务关系。

A. 基础关系 B. 票据行为

C. 法律规定 D. 真实的交易关系

22. 票据保证人为两人以上的,保证人之间承担(　　)。

A. 连带责任

B. 同一性质的责任

C. 票据责任

D. 共同责任

23. 我国的中央银行是(　　)。

A. 中国银行

B. 中国人民银行

C. 中国投资银行

D. 中信实业银行

24. 代表国家掌管货币发行的机关是(　　)。

A. 国务院

B. 中国货币委员会

C. 中国人民银行

D. 财政部

25. 基本建设投资款由(　　)办理。

A. 中国工商银行

B. 中国投资银行

C. 交通银行

D. 中国建设银行

26. 我国设立商业银行的注册资本最低限额为(　　)。

A. 5 000 万元

B. 1 亿元

C. 5 亿元

D. 10 亿元

27. 票据追索权的行使期限适用(　　)。

A. 出票地法律

B. 付款地法律

C. 行为地法律

D. 住所地法律

28. 向社会公开发行的证券,票面总额超过人民币(　　)的,应当由承销机构承销。

A. 3 000 万～5 000 万元

B. 5 000 万元

C. 3 000 万元

D. 6 000 万元

29. 公开发行的股票由(　　)承销。

A. 证券经营机构

B. 发行人

C. 证券交易所

D. 发行人和证券经营机构联合销售

30. 证券在证券交易所挂牌交易,应当采用公开的(　　)交易方式。

A. 价格优先

B. 时间优先

C. 纸面交易

D. 集中竞价

31. 证券业协会是(　　)法人。

A. 事业

B. 社会团体

C. 企业

D. 机关

32. 公民甲通过保险代理人乙为其5岁的儿子丙投保一份幼儿平安成长险，保险公司为丁。下列有关本事例的哪一种表述是正确的？（　　）

A. 该份保险合同中不得含有以丙的死亡为给付保险金条件的条款

B. 受益人请求丁给付保险金的权利自其知道保险事故发生之日起5年内不行使而消灭

C. 当保险事故发生时，乙与丁对给付保险金承担连带赔偿责任

D. 保险代理人乙只能是依法成立的公司，不能是个人

33. 投保人甲以自己为被保险人，以自己10岁的儿子乙为受益人，于1999年2月7日与保险人订立了一份死亡保险合同。2001年6月4日，甲与其丈夫丙吵架而投河自尽。下列陈述中正确的是：（　　）。

A. 受益人乙不能获保险赔偿金，因甲的自杀行为属于道德风险

B. 保险公司应当向丙支付保险金

C. 保险公司可以向乙支付保险金

D. 保险公司应当将甲的死亡保险金作为其遗产，均分给乙、丙

34. 甲拾得某银行签发的金额为5 000元的本票一张，并将该本票背书送给女友乙作生日礼物，乙不知本票系甲拾得，按期持票要求银行付款。假设银行知晓该本票系甲拾得并送给乙，对于乙的付款请求，下列哪一种说法是正确的？（　　）

A. 根据票据无因性原则，银行应当支付

B. 乙无对价取得本票，银行得拒绝支付

C. 虽甲取得本票不合法，但因乙不知情，银行应支付

D. 甲取得本票不合法，且乙无对价取得本票，银行得拒绝支付

三、多项选择题

1. 根据商业银行法的规定，国内注册的商业银行在中华人民共和国境内不得从事的业务有（　　）。

A. 股票交易业务　　B. 外汇买卖业务

C. 信托投资业务　　D. 投资于非自用不动产

2. 我国商业银行的负债业务包括以下（　　）种业务。

A. 发行金融债券　　B. 存款业务

C. 向中央银行借款　　D. 同业拆出

3. 中国人民银行认为商业银行出现危机时，可以决定对其进行接管，

并组织实施，接管的条件有（　　）。

A. 商业银行不能支付到期债务

B. 商业银行因不能支付丧失信用

C. 商业银行因不能支付严重危害了存款人的利益

D. 商业银行贴现的票据不能被其他银行再贴现

4. 根据我国《商业银行法》规定，我国的商业银行的组织形式有以下几种（　　）。

A. 合作社　　B. 股份有限公司

C. 有限责任公司　　D. 中外合资企业

5. 在下列何种情况下，对商业银行的投资须事先经中国人民银行批准？（　　）

A. 地方财政部门的财政节余资金向金融机构投资的

B. 单位或个人购买商业银行股份总额达10%以上的

C. 四大国有商业银行向金融机构投资的

D. 国有企业购买商业银行股份的

6. 商业银行因分立、合并或者出现公司章程规定的解散事由的，应当通过的程序有以下几种（　　）。

A. 向中国人民银行提出申请　　B. 由董事会通过决议

C. 经中国人民银行批准后解散　　D. 由股东大会通过决议

7. 下列各项中属于外汇的有（　　）。

A. 外国货币　　B. 特别提款权

C. 外国有价证券　　D. 其他可以在国外兑现的凭证

8.《国际收支统计申报办法》及其《实施细则》中所指的中国居民是指（　　）。

A. 在中国境内居留1年以上的自然人

B. 在境外留学人员

C. 中国驻外使领馆工作人员

D. 外商投资企业及外资金融机构

9. 本票上未记载下列事项之一的，本票无效。（　　）

A. 无条件支付的承诺　　B. 表明"本票"的字样

C. 付款地　　D. 出票地

10. 根据《票据法》的规定，汇票涉及的当事人有（　　）。

A. 出票人　　　　B. 收款人

C. 付款人　　　　D. 委托收款人

11. 持票人行使追索权,请求被追索人支付的金额和费用包括(　　)。

A. 被拒绝付款的汇票金额

B. 汇票金额自出票日或提示付款日起至清偿日止,按照中国人民银行规定的利率计算的利息

C. 发出通知书的费用

D. 取得有关拒绝证明文件的费用

12. 根据《票据法》的有关规定,下列各项中,属于汇票法定禁止背书的情形有(　　)。

A. 汇票被拒绝承兑

B. 汇票被拒绝付款

C. 汇票超过付款提示期限

D. 汇票背书的次数过多,以致在汇票上无法记载

13. 如果汇票上未记载付款地,则付款地为付款人的(　　)。

A. 营业场所　　　　B. 经常居住地

C. 住所　　　　D. 营业场所、住所或经常居住地

14. 根据我国《票据法》,持票人丧失票据时,可采取的补救措施有(　　)。

A. 挂失止付　　　　B. 公示催告

C. 提起诉讼　　　　D. 登报作废

15. 下列我国商业银行体系中的国有商业银行有(　　)。

A. 中国工商银行　　　　B. 中国农业银行

C. 中国银行　　　　D. 中国建设银行

16. 银行贷款可以分为(　　)种。

A. 工业贷款　　　　B. 农业贷款

C. 商业贷款　　　　D. 基本建设贷款

E. 外汇贷款

17. 下列银行属于我国商业银行体系的有(　　)。

A. 国家开发银行　　　　B. 中国进出口银行

C. 中国农业发展银行　　　　D. 中信实业银行

E. 广东发展银行

18. 商业银行的经营原则是(　　　　)。

A. 统一性　　　　B. 效益性

C. 安全性　　　　D. 保密性

E. 流动性

19.《公司法》中，国有独资公司的规定适用于下列银行的有(　　　　)。

A. 交通银行　　　　B. 中国工商银行

C. 中国银行　　　　D. 中国农业银行

E. 中国建设银行

20. 广义的证券包括(　　　　)。

A. 票据　　　　B. 提单

C. 仓单　　　　D. 股票

E. 债券

21. 下列观点正确的是(　　　　)。

A. 债券不可转让、抵押和继承

B. 债券持有人可以收回本金

C. 债券票面格式必须经中国人民银行认可

D. 债券持有人对企业经营状况不承担责任

22. 证券承销业务采取(　　　　)的方式。

A. 代销　　　　B. 寄销

C. 赊销　　　　D. 包销

E. 传销

23. 综合类证券公司可以经营(　　　　)项业务。

A. 证券承销业务

B. 证券自营业务

C. 证券经纪业务

D. 经国务院证券监督管理机构核准的其他证券业务

E. 证券上市业务

24. (　　　　)可依法发行公司债券。

A. 国有独资公司

B. 两个以上集体企业投资设立的有限责任公司

C. 股份有限公司

D. 私营有限责任公司

E. 合伙企业

25. 公司债券上必须记载(　　　　)。

A. 公司名称　　　　B. 债券票面金额

C. 利率　　　　D. 偿还期限

E. 公司章程

26.《保险法》中规定的代位请求赔偿权的基本内容包括哪些?(　　　　)

A. 因第三者对保险标的的损害造成保险事故的,保险人自向被保险人赔偿保险金之日起,在赔偿范围内代位行使被保险人对第三者请求赔偿的权利

B. 被保险人已经从第三者取得损害赔偿的,保险人赔偿保险金时,可以相应扣减补充保险人已经取得的赔偿金额

C. 保险人行使代位请求赔偿的权利,不影响被保险人就未取得赔偿的部分向第三者赔偿的权利

D. 保险人代位行使请求赔偿的权利,将影响被保险人就未取得赔偿的部分向第三者赔偿的权利

27. 关于保险合同中的保险人责任免除条款,以下说法中哪些是正确的?(　　　　)

A. 投保人应当仔细阅读该条款,对其意义不能理解的后果自负

B. 无论投保人是否仔细阅读该条款,保险人都有向投保人明确说明的义务

C. 保险人对免责作出明确说明的,投保人不得于事后以不理解为由否认其效力

D. 保险人未对免责条款加以说明的,该条款不发生效力

28. 按照保险利益原则,下列哪些当事人的投保行为无效?(　　　　)

A. 某甲为自己购买的一注彩票投保

B. 某乙为自己即将出生的女儿购买人寿险

C. 某丙为屋前的一棵国家一级保护树木投保

D. 某丁为自己与女友的恋爱关系投保

29. 下列关于保险合同性质的表述中哪些是正确的?(　　　　)

A. 保险合同是射幸合同　　　　B. 保险合同是格式合同

C. 保险合同是双务合同　　　　D. 保险合同是诺成合同

四、判断题

1. 属于个人所有的外汇,可以自行持有,也可以存入银行或卖给外汇

指定银行。(　　)

2. 境内机构、个人、驻华机构、来华人员的外汇收支或者经营活动，都属于《外汇管理条例》的调整范围。(　　)

3. 境内机构的经常项目外汇收入必须汇回国内，并按照国家关于结汇、售汇及付汇管理的规定卖给外汇指定银行或者经指批准在外汇指定银行开立外汇账户。(　　)

4. 居住在境内的中国公民持有外币支付凭证、外币有价证券等形式的外汇资产，可自由携带或邮寄出境。(　　)

5. 定日付款或者出票后定期付款的汇票，持票人应当在汇票到期日前向付款人提示承兑。(　　)

6. 票据上有伪造签章的，不影响票据上其他真实签章的效力。(　　)

7. 出票是指出票人签发票据的票据行为。(　　)

8. 票据上的签章为签名或盖章。(　　)

9. 法人和其他使用票据的单位在票据上的签章，为该法人或该单位的盖章加其法定代表人或者其授权的代理人的签章。(　　)

10. 背书人在票据上的签章不符合法律规定的，该票据上所有的签章均无效。(　　)

11. 签发票据的原因、用途等属于汇票的法定记载事项。(　　)

12. 背书由被背书人签章并记载背书日期。(　　)

13. 票据金额、日期、收款人名称不能更改。如需更改，必须签章。(　　)

14. 票据当事人可以委托其代理人在票据上签章，并应当在票据上表明其代理关系。(　　)

15. 没有代理权而以代理人名义在票据上签章的，应当由签章人承担票据责任。(　　)

16. 背书人在汇票上记载“不得转让”字样，其后手再背书转让的，原背书人对后手的被背书人不承担保证责任。(　　)

17. 以背书转让的汇票，背书应当连续，如果背书不连续付款人可以拒绝向持票人付款。(　　)

18. 在票据代理中，代理人超过代理权限的，应当就其超越权限的部分承担民事责任。(　　)

19. 税收、继承、赠与可以依法取得票据，不受给付对价的限制，但所享有的权利不得优于其前手。(　　)

20. 持票人对前手的再追索权自清偿日或被提起诉讼之日起 6 个月不行使而消灭。（　　）

21. 综合类证券公司与经营类证券公司均可从事证券的自营业务。（　　）

22. 我国《证券法》规定，我国的证券交易所是提供集中竞价交易场所、不得以营利为目的的法人。（　　）

23. 证券代销是指证券公司将发行人的证券按照协议全部购入或者在承销期结束时，将售后剩余的证券全部购入的承销方式。（　　）

24. 根据有关规定，我国的法人和公民个人只要依照一定的法律程序就可以收购上市公司。（　　）

25. 保险合同成立后，保险人可以根据自己的承保能力，决定继续履行保险合同还是解除保险合同。（　　）

26. 人身保险的被保险人因第三人的行为而发生死亡、伤残或者疾病等保险事故的，保险人向被保险人或者受益人给付保险金后，享有向第三者的追索权。（　　）

五、名词解释

1. 商业银行
2. 外汇
3. 票据
4. 汇票
5. 本票
6. 支票
7. 背书
8. 证券交易所
9. 证券公司
10. 内幕交易
11. 财产保险合同

六、简答题

1. 简述中国人民银行的性质、地位和职责。
2. 简述商业银行的性质和特征。
3. 简述我国《证券法》所禁止的交易行为的种类。

4. 简述证券公司的业务及证券公司的分类。

5. 简述票据的法律特征。

6. 简述商业银行与公司企业法人的主要区别。

7. 简述保险欺诈及其法律后果。

七、论述题

1. 试述股票与债券的区别。

2. 试述《票据法》规定的涉外法律适用的原则。

八、案例题

案例 1 张三与李四签订一项买卖合同,张三向李四开出出票后 3 个月付款的银行汇票。李四将汇票背书后向王五转让,后王五又背书转让于陈六。根据我国现行法律规定,回答下列问题:

(1) 如果李四未履行供货义务,张三是否有权要求银行停止支付该汇票?

(2) 如果银行拒绝支付,陈六作为持票人能否直接向张三要求赔偿?李四与王五对票据债务是否亦应负责?

案例 2 甲公司承租乙公司一座楼房经营,为预防经营风险,甲公司将此楼房投保 500 万元,保险公司经过核实认为甲公司拥有对该楼房的承租权,所以具有保险利益,同意承保,甲公司交付了一年的保险金,9 个月后,甲公司结束租赁,将楼房退还给乙公司。在保险期的第 10 个月,该楼房发生了火灾,损失 300 万元。甲公司根据保险合同的约定向保险公司主张赔偿,并提供保险合同、该楼房受损失的证明等资料。保险公司经过调查后拒绝承担赔偿责任。试分析:

(1) 承租的楼房可否投保?

(2) 投保 500 万元,损失 300 万元,应当如何赔偿?

(3) 甲公司提出赔偿的请求有没有法律依据?

(4) 保险公司拒绝赔偿的法律依据何在?

参 考 答 案

一、填空题

1. 金融关系 金融业务 金融监管 2. 中国人民银行 国家机关

制定和实施货币　监督管理　3.《商业银行法》《公司法》　企业法人　4. 商业性信贷业务　保本经营　5. 有限责任公司　股份有限公司　6. 中国工商银行、中国银行、中国农业银行、中国建设银行　7. 贸易收支　劳务收支　单方面转移　8. 存款自愿　取款自由　存款有息　为储户保密　9. 汇票　本票　支票　10. 交易　债权债务　11. 公平　公正　12. 欺诈　内幕交易　13. 国务院证券监督管理机构　14. 保险利益原则　最大诚信原则　近因原则　损失补偿原则

二、单项选择题

1. C　2. A　3. A　4. C　5. D　6. A　7. C　8. C　9. A　10. B　11. D　12. A　13. C　14. A　15. D　16. C　17. A　18. C　19. D　20. C　21. B　22. A　23. B　24. C　25. D　26. D　27. A　28. B　29. A　30. D　31. B　32. B　33. C　34. D

三、多项选择题

1. ACD　2. ABC　3. ABC　4. BC　5. ABC　6. AC　7. ABCD　8. ABD　9. AB　10. ABC　11. ABCD　12. ABC　13. ABCD　14. ABC　15. ABCD　16. ABCDE　17. AE　18. BCDE　19. BCDE　20. ABCDE　21. BCD　22. AD　23. ABCD　24. AC　25. ABCD　26. ABC　27. BCD　28. ABD　29. ABCD

四、判断题

1. 正确　2. 正确　3. 正确　4. 错误　5. 正确　6. 正确　7. 正确　8. 错误　9. 正确　10. 错误　11. 错误　12. 错误　13. 错误　14. 正确　15. 正确　16. 正确　17. 正确　18. 正确　19. 正确　20. 错误　21. 错误　22. 正确　23. 错误　24. 正确　25. 错误　26. 错误

五、名词解释

1. 商业银行：是指依照《商业银行法》和《公司法》设立的吸收公众存

款、发放贷款、办理结算等业务的企业法人。

2. 外汇：是指以外币表示的可以用于国际清偿的支付手段和资产。

3. 票据：是指由出票人依《票据法》签发的，由自己或委托他人于到期日或见票时无条件支付一定金额给收款人或持票人的一种有价证券。

4. 汇票：是指出票人签发的，委托付款人在见票时或者在指定日期无条件支付确定的金额给收款人或者持票人的票据。

5. 本票：是出票人签发的，承诺自己在见票时无条件支付确定的金额给收款人或者持票人的票据。

6. 支票：是出票人签发的，委托办理支票存款业务的银行或者其他金融机构在见票时无条件支付确定的金额给收款人或者持票人的票据。

7. 背书：是指在票据背面或者粘单上记载有关事项并签章的票据行为。

8. 证券交易所：是指提供证券集中竞价交易场所的不以营利为目的的法人。

9. 证券公司：也称证券商，是指依《公司法》规定和国务院证券监管机构批准设立的从事证券经营业务的有限责任公司或股份有限公司。

10. 内幕交易：是指证券交易内幕信息的知情人员（内幕人员）利用内幕信息自己或者建议他人买卖证券的行为。

11. 财产保险合同：是指以财产和其有关利益为保险标的的保险合同。

六、简答题

1. 简述中国人民银行的性质、地位和职责。

答：根据《中国人民银行法》第 2 条规定："中国人民银行是中华人民共和国的中央银行。中国人民银行在国务院领导下，制定和实施货币政策，对金融业实施监督管理。"可以看出：

(1) 中国人民银行的性质是国务院领导下的一个国家机关。

(2) 中国人民银行的地位是中华人民共和国的中央银行。

(3) 中国人民银行的职责是在国务院的领导下依法独立制定和实施货币政策，对全国金融实施监督管理

2. 简述商业银行的性质和特征。

答：与中国人民银行的性质不同，商业银行不是国家机关而是企业法人。其特点如下：

(1) 具有一般企业法人的法律地位和权利义务；

(2) 商业银行依《商业银行法》和《公司法》成立，是一个特殊的企业法人；

(3) 商业银行经营是以营利为目的的企业法人。

3. 简述我国《证券法》所禁止的交易行为的种类。

答：我国《证券法》禁止的交易行为有以下几类：

(1) 内幕交易。内幕交易是指证券交易内幕信息的知情人员（内幕人员）利用内幕信息自己或建议他人买卖证券的行为。

(2) 操纵证券市场行为。操纵证券市场行为是指利用资金、信息等优势或者滥用职权等制造证券市场假象，影响证券市场价格，诱导并致使其他投资者在不了解真相的情况下作出投资决定，扰乱证券市场秩序的行为。

(3) 证券欺诈行为。我国法律禁止证券公司及其从业人员从事损害客户利益的欺诈行为，如违背客户的委托为其买卖证券等行为都属于证券欺诈行为。

4. 简述证券公司的业务及证券公司的分类。

答：根据我国法律规定，证券公司的业务主要有证券承销、证券经纪和证券自营3类。

我国对证券公司实行分类管理，证券公司的设立实行分类核准制度。因此，我国的证券公司分为综合类证券公司和经纪类证券公司两类。

综合类证券公司可以经营证券经纪业务、证券自营业务和证券承销业务；经纪类证券公司仅能从事证券经纪业务。

5. 简述票据的法律特征。

答：根据我国《票据法》之规定，票据具有如下法律特征：

(1) 票据是设权证券。票据权利的发生必须首先要作成票据；票据的签发，并不是为了证明已经存在的权利，而是为了创设一种权利。

(2) 票据是要式证券。票据必须具备法定形式才能发生效力，如果欠缺必要的形式，票据即归于无效。

(3) 票据是文义证券。票据的权利义务必须严格依照票据上记载的文义而定，不得以票据以外的任何事由改变其效力。

(4) 票据是金钱证券。票据是一种以支付一定金额货币为目的的有价证券，凡支付金钱以外的标的物的票据，都不是票据法上的票据。

(5) 票据是流通证券。票据可依背书和交付进行转让，而不必通知债务人。

(6) 票据是无因证券。票据的持票人行使票据权利时，不必证明其取得票据的原因，仅依票据上的记载事项即可请求一定金额的货币给付。

(7) 票据是返还证券。票据债权人受领了票据金额后，必须将票据交还债务人，使票据关系归于消灭。

6. 简述商业银行与公司企业法人的主要区别。

答：商业银行与公司企业法人的主要区别有：

(1) 二者设立的法律依据和条件不同。一般公司设立的法律依据仅为《公司法》，而商业银行的设立，除了依据《公司法》外，还要依据《商业银行法》；一般公司的设立，除三资企业外，只要满足《公司法》规定的设立条件即可，而商业银行除了满足《公司法》和《商业银行法》规定的设立条件外，还需要经过中国人民银行的审查批准。

(2) 二者经营的商品不同。一般公司经营的是一般商品，而商业银行经营的是特殊商品，即充当一般等价物的货币。

(3) 二者经营管理的方式不同。一般公司的经营方式灵活多样，不同的商品可以混业经营，而商业银行不能混业经营，经营方式受到限制。

(4) 二者经营商品的收益来源不同。一般公司的收益主要来源于经营商品的价值增值，而商业银行的收益主要来源于经营货币所获取的利息。

7. 简述保险欺诈及其法律后果。

答：保险欺诈是指投保人意图通过保险谋取非法的或者不正当的利益，保险欺诈主要有以下几种情况：

(1) 谎称保险事故

被保险人或者受益人在未发生保险事故的情况下，谎称发生了保险事故，向保险人提出赔偿或者给付保险金的请求的，保险人有权解除保险合同，并且不退还保险费，情节严重构成犯罪的，依法追究其刑事责任。

(2) 故意制造保险事故

投保人、被保险人或者受益人故意制造保险事故的，保险人有权解除保险合同，不承担赔偿损失或者给付保险金的责任，也不退回保险费，情节严重构成犯罪的，依法追究刑事责任。唯一例外的是在人身保险中投保人、受益人故意造成被保险人死亡、伤残或疾病的，保险人不承担给付保险金的责任。但是，投保人已经交足 2 年以上保险费的，保险人应当按照合同的约定向其他享有权利的受益人退还保险单的现金价值。

(3) 虚报损失

保险事故发生后，投保人、被保险人或者受益人以伪造的有关证明、资料或者其他证据，编造虚假的事故原因或者夸大损失程度的，保险人对其虚报的部分不承担赔偿或者给付保险金的责任，情节严重构成犯罪的，依法追究刑事责任。

七、论述题

1. 试论述股票与债券的区别。

答：股票是指股份有限公司签发的、证明股东所持股份凭证。

公司债券是指公司依照法定程序发行的，约定在一定期限还本付息的有价证券。

二者之间有着许多相同的地方，但也存在着许多不同，其主要的不同之处，主要体现在以下方面：

(1) 发行主体不同。股票的发行主体是股份有限公司；而公司债券的发行主体除了股份有限公司以外，还包括国有独资公司和两个以上的国有企业或其他国有主体投资设立的有限责任公司。

(2) 发行条件不同。发行股票的条件与发行公司债券的条件根据我国《公司法》的规定有着十分重大的差别。

(3) 持有者所享有的权利不同。股票的持有者股东可以组成公司的股东大会，股东大会是公司的最高权力机构，股东可以通过该机构对公司的重大事情进行决定，参与公司经营等；而债券的持有者无权对公司的经营等行为指手画脚，公司的经营状况与其无关。

(4) 二者投资风险不同。股票的持有者股东可能会因为公司的业绩好坏或股市的涨落而分不到股利、红利或血本无归，因而投资风险较大；但债券由于自身的特点，待其期限届满，持有者可以还本付息，因而投资风险较小。

(5) 二者的投资期限不同。股票是一种无期限的投资，票面上无投资期限的记载，但股东可以根据自己的意愿随时进行转让；而公司债券是一种有期限的投资，公司债券在票面上记载了归还本金的期限，期限届至，公司必须对债券进行还本付息。

(6) 二者投资的本金回收方式不同。股票的盈利方式除了股利收入还与股市行情等有关，股东可用转让的方式收回自己的全部或部分投资，也有可能无法收回投资；债券则不管证券市场行情如何，只要规定的限期到来，投资的本金可全部收回。

2. 试述我国《票据法》规定的涉外票据法律适用的原则。

答：我国《票据法》所规定的涉外票据法律适用的原则主要体现在以下方面：

(1) 中华人民共和国缔结或者参加的国际条约同中国《票据法》有不同规定的，适用国际条约的规定。中国声明保留的条款除外，我国《票据法》和中华人民共和国缔结或者参加的国际条约没有规定的，可以适用国际惯例。

(2) 票据债务人的民事行为能力，适用其本国法律。票据债务人的民事行为能力，依照其本国法律为无民事行为能力或者为限制民事行为能力而依照行为地法律为完全民事行为能力的，适用行为地法律。

(3) 汇票、本票出票时的记载事项，适用出票地法律。支票出票时的记载事项，适用出票地法律，经当事人协议，也可以适用付款地法律。

(4) 票据的背书、承兑、付款和保证行为，适用行为地法律。

(5) 票据追索权的行使期限，适用出票地法律。

(6) 票据的提示期限、有关拒绝证明的方式、出具拒绝证明的期限，适用付款地法律。

(7) 票据丧失时，失票人请求保全票据权利的程序，适用付款地法律。

八、案例题

案例1 答：(1) 若李四未履行义务，张三无权要求银行停止支付该汇票。因为票据行为为无因行为，付款银行的责任限于按照汇票记载事项支付汇票金额。作为票据债务人的银行不得以张三与李四之间的抗辩事由对抗持票人。

(2) 如果银行拒绝支付，陈六可直接要求张三赔偿。李四与王五对票据债务承担连带责任。

案例2 答：(1) 承租的楼房可以投保。

(2) 投保 500 万元，损失 300 万元，应当请求全额赔偿。

(3) 甲公司提出赔偿的请求没有法律依据，因为其租赁法律关系已经结束，对原来使用的楼房不再具有保险利益。

(4) 保险公司拒绝赔偿的法律依据是《保险法》的规定：保险利益是指投保人对保险标的具有法律上承认的利益。

第四章　反不正当竞争法律制度

本章知识重点提示

- 不正当竞争行为的概念
- 我国《反不正当竞争法》的特点
- 不正当竞争行为的特征
- 不正当竞争行为的分类
- 违反商业道德的不正当竞争行为的种类及概念
- 限制竞争的不正当竞争行为的种类及概念
- 对不正当竞争行为的监督检查部门
- 不正当竞争行为的法律责任形式

一、填空题

1. 我国《反不正当竞争法》采用________救济与________救济并用的救济途径。

2. 根据不正当竞争行为特点的不同，我国《反不正当竞争法》把不正当竞争行为分为________的不正当竞争行为和________的不正当竞争行为两种。

3. 在商品上不得伪造或冒用________、________等质量标志，伪造________，对商品作引人误解的虚假表示。

4. 有奖销售主要表现为________式和________式两种方式。

5. 经营者销售商品，不得违背________搭售商品或附加其他不合理的条件。

6. 经营者不得以盗窃、________、________或其他不正当手段获取权利人的商业秘密。

7. 经营者销售或购买商品，可以以明示方式给对方________，可以给中间人________，但必须如实入账。

8. 根据我国《反不正当竞争法》的规定，对不正当竞争行为进行监督管理的部门是________。

二、单项选择题

1. 以下关于不正当竞争行为的表述，正确的命题是（　　）。

A. 不正当竞争行为就是垄断行为

B. 不正当竞争行为是一切损害竞争对手的行为

C. 不正当竞争行为就是指不平等竞争行为

D. 不正当竞争行为是非法竞争行为

2. 下列命题中，不属于不正当竞争行为的命题是（　　）。

A. 第三人以明知或应知是法律所禁止的行为，获取、使用或披露他人的商业秘密

B. 经营者以低于成本价格销售商品用于清偿债务的行为

C. 擅自使用他人的企业名称或者姓名，引人误认为是他人商品的行为

D. 串通勾结招投标行为

3. 经营者违法进行有奖销售的，监督检查部门应当责令停止违法行为，可以根据情节处以（　　）的罚款。

A. 1万元以上10万元以下　　B. 5万元以上20万元以下

C. 1万元以上10万元以下　　D. 5万元以上10万元以下

4. 根据法律规定，抽奖式有奖销售的最高奖金不得超过（　　）。

A. 3 000元　　B. 5 000元

C. 10 000元　　D. 没有限制

5. 以下命题中，属于商业秘密的是（　　）。

A. 某项已获得专利的技术　　B. 某人的个人生活隐私

C. 某公司保密的客户名单　　D. 某企业未公开的技术信息

6. 经营者不得采用秘密给付财物或其他手段进行贿赂以销售或者购买商品，单位或者个人在账外暗中收受回扣的，以（　　）论处。

A. 贪污　　B. 受贿

C. 行贿　　D. 索贿

7. 实施滥用行政权力不正当竞争行为的主体主要是（　　）。

A. 公用企业　　B. 具有独占地位的经营者

C. 外资企业　　D. 政府及其所属部门

8. 在司法实践中，若《反不正当竞争法》的规定与其他部门法律发生竞合，则优先适用（　　）的规定。

A.《反不正当竞争法》　　B.《民法通则》

C. 其他特别法律　　D.《宪法》

三、多项选择题

1. 不正当竞争行为是经营者违反(　　　)原则的行为。

A. 自愿　　B. 公平

C. 诚实信用　　D. 等价有偿

E. 社会公德

2. 竞争法的作用有(　　)。

A. 创设和完善公平竞争的社会条件

B. 制止非法垄断和不正当竞争,维护正常的市场经济秩序

C. 保护和鼓励正当竞争

D. 保护经营者和消费者的合法权益

E. 发挥竞争的积极作用

3. 我国目前有关反垄断的相关立法具体规定的内容有(　　　)。

A. 禁止公用企业及其他独占经营者的限制竞争行为

B. 禁止行政机关滥用权力限制竞争行为

C. 禁止滥用经济优势附加不合理交易条件的行为

D. 禁止串通招投标行为

E. 禁止商业贿赂行为

4. 我国的《反不正当竞争法》所规定的采用欺骗性标志从事市场交易的行为中的欺骗性标志包括以下几种:(　　　)。

A. 注册商标　　B. 知名商品的其他标志

C. 他人的企业名称或姓名　　D. 虚假认证标志

E. 虚假质量标志

5. 降价排挤竞争对手的不正当竞争行为的法律特征是(　　　)。

A. 不当降价　　B. 以排挤竞争对手为目的

C. 属于不正当竞争　　D. 行为人为同业竞争者

E. 贿赂相对交易人

6. 不正当竞争的行政责任有(　　　)。

A. 罚款　　B. 没收非法所得

C. 停止违法行为　　D. 赔偿损失

E. 吊销营业执照

7. 下列行为中哪些属于我国法律规定的不正当竞争行为(　　　　)。

A. 某市政府发出通知,由于该市连续发生多起煤气中毒事件,限定市民必须从规定时间开始,统一使用安全性更高的某公司生产的煤气安全阀

B. 某商场为促销商品,张贴海报宣传在某一期间举办有奖销售活动,大奖是价值 4 000 元彩电一台

C. 某公司购进一批水果,由于储存不便,决定降价销售;致使该公司所在地区水果价格大幅度下降

D. 某公司为提高本公司产品的市场占有率,通过座谈会的形式向顾客宣传对手公司的产品不如自己公司

E. 某地政府为保护本地产品,决定限制其他地区同类产品进入本地市场

8. 以低于成本价销售但不属于不正当竞争的行为有(　　　　)。

A. 销售时髦新潮商品　　B. 销售水产品

C. 处理有效期未到的商品　　D. 因转产降价销售

E. 季节性降价

9.《反不正当竞争法》中所规定的经营者可以是(　　　　)。

A. 从事生产的法人　　B. 从事销售的个人

C. 从事营利性服务的个人　　D. 从事商品服务的个人

E. 从事营利性服务的法人

10. 我国《反不正当竞争法》的适用主体包括(　　　　)。

A. 经营者　　B. 政府

C. 消费者　　D. 工商行政管理局

E. 消费者协会

四、判断题

1. 反不正当竞争就是反垄断。(　　)

2. 经营者搭售商品就构成不正当竞争行为。(　　)

3. 使用不知道是他人用盗窃等非法手段获取的商业秘密的,不视为侵犯商业秘密。(　　)

五、名词解释

1. 不正当竞争

2. 商业贿赂
3. 经营者
4. 商业秘密
5. 强制性交易行为
6. 滥用行政权力限制竞争行为
7. 诋毁商誉

六、简答题

1. 简述不正当竞争行为的法律特征。
2. 简述违反商业道德的不正当竞争行为的种类。
3. 简述采用欺骗性标志从事市场交易行为的种类。
4. 简述商业贿赂行为的特征。
5. 简述不属于不正当竞争的降价销售行为的种类。
6. 简述诋毁商誉的特征。
7. 简述强制性交易行为的表现形式。

七、论述题

试述我国《反不正当竞争法》规定的不正当竞争行为。

八、案例题

案例1 A商厦与B商场是某市最大的两家商场，两家商场都位于市中心且相距不远。A商厦经营有方、服务质量高，生意兴隆，相比之下B商场显得较为冷清。1993年10月，A商厦发现该市晚报上多次出现批评A商厦服务态度、产品质量的读者来信，其中有一篇署名为张甲的读者来信甚至指责A商厦的许多名牌产品均为假冒产品，称A商厦为"假冒伪劣的集散地"。一时间，A商厦的商誉严重受损，销售额下降。后经A商厦调查核实晚报上诸多自称为消费者的读者来信，均使用虚假联系地址。经进一步调查，发现诸多所谓"读者"均系B商场职工，他们写信批评A商厦均是由单位授意而为。A商厦立即向法院提起诉讼，声称B商场损坏其商誉，要求法院责令B商场停止侵害，公开登报赔礼道歉，消除影响，并赔偿因B商场的侵权行为遭受的经济损失。试问：本案中B商场的行为是否为不正当竞争行为？

案例 2　大新毛纺厂是一家集体纺织厂，由于该厂经营不善，濒临倒闭。2003 年 10 月，该厂为扭亏为盈，想出一个绝招：将该厂积压的两千多件混纺上装全都换上纯新羊毛标志，作羊毛衫出售。由于该上装系旧羊毛、化纤混纺而成，成本大大低于纯新羊毛生产的羊毛衫。结果该厂在两个月内售完库存积压品并牟取暴利。后来当地工商行政管理机关得到举报，前往该厂调查，发现举报情况属实。试问：大新毛纺厂的行为是否为不正当竞争行为？

参考答案

一、填空题

1. 行政　司法　　2. 违反商业道德　限制竞争　　3. 认证标志　名优标志　产地　　4. 附赠　抽奖　　5. 购买者的意愿　　6. 利诱　胁迫　7. 折扣　佣金　　8. 县级以上人民政府工商行政管理部门

二、单项选择题

1. A　2. B　3. A　4. B　5. C　6. B　7. D　8. C

三、多项选择题

1. ABCDE　2. ABCDE　3. ABCD　4. ABCDE　5. ABCD　6. ABCE　7. ADE　8. BDE　9. ABCDE　10. AB

四、判断题

1. 错误　2. 错误　3. 正确

五、名词解释

1. 不正当竞争：是指经营者违反法律（在我国指《反不正当竞争法》），损害其他经营者的合法权益，扰乱社会经济秩序的行为。

2. 商业贿赂：是指经营者为了争取交易机会或市场优势，通过秘密给付财物或其他报偿以收买客户的负责人、雇员、合伙人、代理人和政府有关部门工作人员等能够影响市场交易的有关人员的行为。

3. 经营者：是指从事商品经营或营利性服务的法人、其他经济组织或个人，经营包括生产和流通两个领域的经济活动。

4. 商业秘密：是指不为公众所知悉、能为权利人带来经济利益，具有实用性并经权利人采取保密措施的技术信息和经营信息。

5. 强制性交易行为：是指经营者采取胁迫或其他强制方法，迫使他人购买其指定的经营者的商品，或促使其他经营者从事有损竞争的交易的行为。

6. 滥用行政权力限制竞争行为：是指政府及其所属部门滥用行政权力，限定他人购买其指定的经营者的商品，限制其他经营者的正当经营活动，限制外地商品进入本地市场或本地商品流向外地市场。此类行为也称为超经济强制交易和地区封锁。

7. 诋毁商誉：是指经营者针对特定的同业竞争对象故意捏造和歪曲事实，并通过各种宣传手段散布虚假信息，损害竞争对手的商业信誉和商品声誉的行为。

六、简答题

1. 简述不正当竞争行为的法律特征。

答：根据我国《反不正当竞争法》的规定，不正当竞争具有以下特征：

(1) 不正当竞争行为的主体是经营者，包括从事商品经营或营利性服务的法人、其他经济组织和个人；

(2) 不正当竞争行为是违法行为；

(3) 不正当竞争行为侵害的客体是其他经营者的合法权益和正常的社会秩序。

2. 简述违反商业道德的不正当竞争行为的种类。

答：违反商业道德的不正当竞争行为主要包括以下几类：

(1) 采用欺骗性标志从事市场交易的行为；

(2) 商业贿赂行为；

(3) 虚假宣传行为；

(4) 侵犯商业秘密的行为；

(5) 降价排挤行为；

(6) 诋毁商誉的行为；

(7) 违反规定的有奖销售行为。

3. 简述采用欺骗性标志从事市场交易行为的种类 。

答：采用欺骗性标志从事市场交易的行为主要有以下类型：

(1) 假冒他人的注册商标；

(2) 擅自使用知名商品特有的名称、包装，或者使用与知名商品近似的名称、包装、装潢，造成和他人的知名商品相混淆，使购买者误认为是该知名商品；

(3) 擅自使用他人的企业名称或者姓名，引人误认为是他人的商品；

(4) 在商品上伪造或者冒用认证标志、名优标志等质量标志，伪造产地，对商品质量作引人误解的虚假表示。

4. 简述商业贿赂行为的特征。

答：商业贿赂行为具有以下特征：

(1) 商业贿赂的主体是从事市场交易的经营者，包括买方和卖方；

(2) 商业贿赂的一个重要构成要件是行贿或受贿的经营者在主观上只能是故意；

(3) 商业贿赂的手段是秘密给付财物或者其他报偿手段，其表现形式有回扣、免费度假、豪华旅游、色情服务和房屋装修等等。

5. 简述不属于不正当竞争的降价销售行为的种类。

答：我国《反不正当竞争法》第 11 条规定："经营者不得以排挤竞争对手为目的，以低于成本的价格销售商品。"但经营者在以下 4 种情况下以低于成本的价格进行销售不属于不正当竞争行为：

(1) 销售鲜活商品；

(2) 处理有效期即将到期的商品或其他积压的商品；

(3) 季节性降价；

(4) 因清偿债务、转产、歇业降价销售商品。

6. 简述诋毁商誉的特征。

答：诋毁商誉的不正当竞争行为具有以下特征：

(1) 实施本行为的主体是市场经营者，包括法人、其他经济组织和个体工商户；

(2) 该行为在主观上只能是故意，即明知故犯，旨在削弱竞争对手的竞争能力；

(3) 在行为的客观方面表现为针对同业竞争者，通过广告、影视、图书、信件、传单等宣传手段，采用文字、图形、言论等形式，故意制造虚假事实包括歪曲事实、捏造谣言，并进行公开传播，诋毁竞争对手的人格、商品、服务质量，使第三者不愿意或不敢与之进行交易；

（4）该行为侵犯的客体是同业竞争对手的商业信誉和商品声誉，即竞争对手的人格权。

7. 简述强制性交易行为的表现形式。

答：强制性交易行为主要表现在以下方面：

（1）指定买方购买其指定的经营者的商品；

（2）迫使他人与自己进行交易；

（3）迫使他人不与自己的竞争对手交易；

（4）安排他人之间进行交易；

（5）阻碍他人之间建立正常的交易关系；

（6）使竞争对手放弃或回避与自己进行竞争。

七、论述题

试述我国《反不正当竞争法》规定的不正当竞争行为。

答：我国《反不正当竞争法》规定了11种不正当竞争行为，根据这些行为的特点，可以分为两大类，即违反商业道德的不正当竞争行为和限制竞争的不正当竞争行为。具体来讲，这11种行为分别是：

（1）采用欺骗性标志从事交易行为。采用欺骗性标志从事交易行为是指经营者采用伪冒或仿冒的标志或采用其他虚假的标志从事交易，引起公众的误解，诱使消费者误购、谋取非法利益的行为。我国《反不正当竞争法》第5条规定，经营者不得采用从事市场交易、损害竞争对手的欺骗性标志的行为有：假冒他人的注册商标、仿冒知名商品的其他标志的行为、仿冒他人的企业名称或姓名、在商品上使用质量虚假标志。

（2）强制性交易行为。是指公用企业或其他依法具有独占地位的经营者，限定他人购买其指定的经营者的商品，排斥其他经营者的行为。该行为具有的特征是：公用企业或依法具有独占地位的经营者是实施行为的特定主体；其他处于公平交易地位的经营者的商品是行为的客体；主体的行为带有强制性，使被强制者难以抗拒，不得不服从安排与他人交易；主体的这种交易行为的目的是从被指定的经营者处获得非法利益。

（3）滥用行政权力限制竞争行为。政府及其所属部门滥用行政权力，限定他人购买其指定的经营者的商品，限制其他经营者正当的经营活动，或限制经营者跨地区、跨部门的交易，干扰、阻碍正常的交易活动。

(4) 商业贿赂行为。经营者以采用财物或其他手段进行贿赂，以销售或者购买商品。在账外暗中给予对方单位或个人回扣。

(5) 虚假宣传行为。经营者利用广告或者其他方式，对商品的质量、性能、用途、特点、价格、使用方法等作引人误解的虚假表示，诱骗消费者产生误购。

(6) 侵犯商业秘密行为。经营者以盗窃、利诱、胁迫或其他不正当手段获取权利人的商业秘密；使用或允许他人使用以前项手段获取的权利人的商业秘密；违反规定或违反权利人有关保守商业秘密的要求，披露他人的商业秘密。

(7) 压价排挤竞争对手行为。经营者在一定的市场上和一定的时期内，以低于成本价格销售自己的商品，以达到排挤竞争对手的目的，限制竞争。

(8) 搭售和附加不合理交易条件行为。经营者违背相对交易人的意愿及公平，利用其经济优势，违背交易相对人的意愿在交易中搭配销售其他商品或其他不合理交易条件。

(9) 不正当有奖销售行为。有奖销售是经营者的一种促销手段，是经营者以提供物品、金钱或者其他条件作为奖励、刺激消费者购买商品或服务的行为。对于合法的有奖销售，法律并不禁止。而对于谎称有奖而无奖或故意让内定人中奖，利用有奖销售推销质次价高的商品，以及超过 5 000 元以上抽奖式有奖销售为法律所禁止的不正当竞争行为。

(10) 诋毁商誉行为。经营者通过捏造、散布虚假事实等不正当手段，损害竞争对手的商业信誉和商品声誉，削弱对手竞争能力。

(11) 串通勾结招投标行为。在招标过程中，投标者之间或投标者与招标者之间恶意串通，以限制竞争。

八、案例题

案例 1 答：B 商场捏造、散布虚假事实，客观上损害了 A 商厦的商业信誉、商品信誉，属于不正当竞争行为，侵害了 A 商厦的名誉权。根据《民法通则》及《反不正当竞争法》的有关规定，判决 B 商场立即停止侵害，公开道歉，消除影响，并赔偿 A 商厦的经济损失。根据《反不正当竞争法》第 14 条的规定：经营者不得捏造、散布虚假事实、损害竞争对手的商业信誉、商品信誉。本案中 B 商场为了达到打击竞争对手的目的，指使职工冒充消费者写信，无中生有，攻讦A商厦的商业信誉与商品信誉，已构成不正当竞争行为，应承担法律责任。

案例2 答：本案例涉及对不正当竞争行为的认定。我国《反不正当竞争法》第5条第4项规定："在商品上伪造或者冒用认证标志、名优标志等质量标志，伪造产地，对商品质量引人误解的虚假表示。"属于不正当竞争行为。本案中毛纺厂在混纺服装上冒用纯新羊毛标志，使消费者对服装质量产生误解，故属于不正当竞争行为。

第五章　产品质量法律制度

本章知识重点提示

- 产品及产品质量的概念
- 我国《产品质量法》的适用范围
- 产品质量标准化制度的概念及主要内容
- 企业质量体系认证制度的概念
- 产品质量认证及产品质量认证制度的概念
- 我国的产品质量监督检查制度
- 产品质量责任及产品质量义务的概念
- 产品瑕疵担保责任的概念
- 生产者承担产品责任的条件
- 因产品缺陷造成损害的赔偿范围

一、填空题

1. 产品责任法是指产品的生产者、销售者因其产品________，致使消费者、使用者的________遭受伤害或________受到损失而应承担产品责任的法律法规的总称。

2. 产品质量法所称的产品，是指经过加工、制作，用于________的产品。

3. 产品质量认证包括________认证和________认证，认证的产品必须符合《产品质量法》和《标准化法》的有关规定。

4. 我国的《产品质量法》对于产品质量责任实行的是________原则。

5. 目前，经国家技术监督局批准的产品质量认证标志包括________标志、________标志和________标志 3 种。

6. 产品侵权损害要求赔偿的请求权期间为________。对于产品侵权损害要求赔偿的请求权超过 10 年，但尚未超过明示的安全使用期的，请求权以________为期限。

7. 产品责任是指产品的________、销售者应对因产品存在缺陷而给使用者、消费者造成人身伤害或缺陷产品以外的财产损失所应承担的责任。

8. 产品质量的监督检查制度包括两个方面，即________和________。

二、单项选择题

1. 因产品侵权损害赔偿的诉讼时效为(　　)，自受害人知道或者应当知道缺陷产品造成其权益损害之日起计算。

A. 2年　　B. 3年

C. 4年　　D. 10年

2. 下列命题中，生产者应当承担的产品责任是(　　)。

A. 产品投入流通前已存在缺陷　　B. 出于非商业目的而提供产品

C. 受害人使用不当而引起的损害　　D. 超过法定时效期限的损害

3. 承担产品责任的赔偿范围一般不包括(　　)。

A. 人身伤害　　B. 精神损失

C. 财产损失　　D. 死者的抚恤金

4. 下列属于我国《产品质量法》所称产品的有(　　)。

A. 初级农产品　　B. 天然形成的物品

C. 房屋　　D. 电

5. 我国负责组织查处市场管理和商标管理中发现的经销掺假及冒牌产品等违法行为的机构是(　　)。

A. 质量技术监督局　　B. 技术监督局

C. 国家财政部　　D. 工商行政管理局

6. 生产者经过举证证明，仍不能免除产品缺陷责任的情形是(　　)。

A. 未将产品投入流通的

B. 产品投入流通时，引起损害的缺陷尚不存在

C. 将产品投入流通时的科技水平尚不能发现缺陷存在的

D. 生产者事先不曾作出声明的

7. 某商店正降价销售一批标有"处理品"字样的商品，经检验，该批商品有明显的擦痕，根据我国《产品质量法》的有关规定，该商店(　　)。

A. 对该批商品负有产品质量方面的责任

B. 对该批商品负有产品瑕疵担保责任

C. 对该批商品不负产品质量责任

D. 违反有关默示担保的责任

8. 根据我国《产品质量法》的规定，国家对产品质量的监督检查的主要方式是（　　）。

A. 定期检查　　B. 普查

C. 抽查　　D. 不定期检查

9. 我国产品质量认证制度实行（　　）原则。

A. 自愿认证　　B. 强制认证

C. 自愿认证与强制认证相结合　　D. 指定商品认证

10. 产品侵权损害赔偿的诉讼时效为2年，自受害人知道或者应当知道缺陷产品造成其权益损害之日起计算，超过该时效期间的，受害人丧失（　　）。

A. 赔偿请求权　　B. 起诉权

C. 胜诉权　　D. 人身权

三、多项选择题

1. 我国质量技术监督机构负责管理的工作包括（　　）。

A. 产品质量　　B. 计量

C. 标准化　　D. 科技进步

E. 不正当竞争

2. 产品或者其包装上的标识应当包括（　　）。

A. 合格证明　　B. 产品名称

C. 生产厂家或厂址　　D. 安全使用的期限

E. 产品规格

3. 根据我国《产品质量法》的规定，销售者的产品质量义务包括（　　）。

A. 执行进货检查验收制度

B. 采取措施，保持销售产品的质量

C. 销售的产品的标识符合有关规定

D. 不得伪造产地等标识

E. 不得以次充好，以不合格产品冒充合格产品

4. 我国《产品质量法》所规定的生产者的不作为义务包括（　　）。

A. 不生产国家明令淘汰的产品

B. 不伪造或者冒用认证标志，名优标志等质量标志

C. 不生产不符合国家和国际先进水平的产品标准的产品

D. 不以次充好，以不合格产品冒充合格产品

E. 不伪造或者冒用他人的厂名、厂址

5. 下列命题中，属于承担产品责任的条件包括(　　　　)。

A. 产品存在缺陷　　　　B. 由缺陷导致损害发生

C. 缺陷是在投入流通后产生的　　　　D. 造成损害事实

E. 损害是由于受害人擅自改变产品使用方法引起的

6. 因产品有缺陷造成消费者人身伤害的，责任者应当赔偿(　　　　)。

A. 医疗费　　　　B. 营养费

C. 误工费　　　　D. 残疾人生活补助费

E. 精神损害费

7. 我国《产品质量法》规定国家对产品质量进行抽查的对象主要有(　　　　)。

A. 可能危及人体健康的产品

B. 可能危及人身、财产安全的产品

C. 影响国计民生的产品

D. 消费者、用户及有关组织反映有质量问题的产品

E. 价格较高的产品

8. 下列产品中，不适用我国《产品质量法》的产品包括(　　　　)。

A. 初级农产品　　　　B. 未经加工的天然形成的产品

C. 不动产　　　　D. 进口产品

E. 出口产品

9. 我国的产品质量监督管理体制由(　　　　)构成。

A. 国家工商管理局负责全国产品质量监督管理工作

B. 国务院产品质量监督管理部门负责全国产品质量监督管理工作

C. 国务院有关部门在各自的职责范围内负责本行业产品质量方面的行业监督和生产经营性管理工作

D. 县级以上地方人民政府管理产品质量监督工作部门负责本行政区内产品质量监督管理工作

E. 县级以上地方人民政府有关部门在各自的职责范围内，负责本行政区本行业关于产品质量方面的行业监督和生产经营性管理工作

四、判断题

1. 产品责任法就是产品质量法。(　　)

2. 现代的产品责任法一般采用严格责任原则和过错推定原则。(　　)

3. 产品只要不存在设计、制造上的缺陷,便不会发生产品责任。(　　)

五、名词解释

1. 产品
2. 产品质量
3. 企业质量体系认证制度
4. 产品质量认证
5. 产品质量监督检查
6. 产品责任
7. 产品质量责任

六、简答题

1. 简述我国《产品质量法》的适用范围。
2. 简述我国《产品质量法》所规定的生产者的不作为义务。
3. 简述构成承担瑕疵担保责任的条件。
4. 简述生产者承担产品责任的条件。
5. 简述生产者承担因产品缺陷造成损害的赔偿责任的免责条件。
6. 简述销售者承担产品责任的条件。
7. 简述销售者的产品质量责任和义务。

七、论述题

1. 试述生产者的产品质量责任和义务。
2. 试论判定产品质量责任的依据。

八、案例题

案例1　1995年2月,双喜糖果厂决定增加蜂皇浆的生产项目,经过洽谈,与某蜜蜂园达成协议,由该蜜蜂园提供配方和原料,在糖果厂的固体生产车间生产蜂皇浆。产品生产出来以后，糖果厂按照该厂自定的企业标准对蜂皇浆进行了检测，后又送到该县卫生防疫站进行了鉴定。产品按两瓶一盒包装，在瓶贴及包装盒上均标有“蜂皇浆”名称和糖果厂注册的“狮山牌”商标和“国营双喜糖果厂”的厂名。糖果外包装上虽有保质期一年的标记，但无生产日期及批号。该蜂皇浆由糖果厂检测符合该厂企业标准，但该企业标准未上报备案，生产的蜂皇浆也从未按法定的国家标准进行检测。经该县产品质量监督检验所抽样检验，该蜂皇浆为劣质产品，该县标准计量局最终对糖果厂处以罚款。试问：

(1) 糖果厂生产的蜂皇浆所执行的质量标准符合我国有关标准的规定吗？

(2) 该案中县标准计量局的处罚合理吗？

案例 2 上海市某区人民法院受理了一起化妆品损伤皮肤案，原告诉称：因使用了某 A 化妆品厂的产品造成面部皮肤严重损伤，要求被告赔偿经济损失。被告辩称：原告使用的化妆品确为本厂生产的产品，但该产品是厂内正在研制过程的实验品，并未投入市场。经法庭调查，原告使用的化妆品是身为 A 化妆品厂检验员的男友所送，法庭委托有关产品检验机构对化妆品进行检测，结果表明：A 厂生产的化妆品以现代科学技术水平尚不能发现缺陷的存在，进一步对原告进行皮肤测试，结论是原告皮肤属于特殊的过敏性皮肤，对该化妆品具有特殊的过敏性，从而导致皮肤损伤。试问：

(1) 在什么情形下生产者可不承担赔偿责任？

(2) A 厂是否要承担产品责任，为什么？

参 考 答 案

一、填空题

1. 存在缺陷　人身　财产　　2. 销售　　3. 合格　安全　　4. 严格责任　　5. 长城认证　PRC 认证　方圆认证　　6. 10 年　明示的安全使用期　　7. 侵权责任　　8. 国家监督　社会监督

二、单项选择题

1. A　　2. A　　3. B　　4. D　　5. D　　6. D　　7. C　　8. C　　9. A　　10. C

三、多项选择题

1. A B C　2. A B C D E　3. A B C D E　4. A B D E　5. A B D　6. A C D　7. A B C D　8. A B C　9. B C D E

四、判断题

1. 错误　2. 正确　3. 错误

五、名词解释

1. 产品：是指经过加工、制作、用于销售的产品。

2. 产品质量：是指产品满足需要的适用性、安全性、可用性、可靠性、维修性、经济性和环境所具有的特征和特性的总和。

3. 企业质量体系认证制度：是指国务院产品质量监督管理部门或者由它授权的部门认可的认证机构，依据国际通用的“质量管理和质量保证”系列标准，对企业的质量体系进行审核，通过颁发认证证书的形式证明企业的质量体系和质量保证能力符合相应要求的一种制度。

4. 产品质量认证：是指依据具有国际水平的产品标准和技术要求，经过认证机构确认并通过颁发认证证书和产品质量认证标志的形式，证明产品符合相应标准和技术要求的活动。

5. 产品质量监督检查：是指县级以上人民政府技术监督行政部门及法律规定的其他部门，依据国家法律、法规的规定，遵循各级人民政府赋予的职权，代表政府履行职责、执行公务，对生产、流通领域的产品质量实施监督的一种具体行政行为。

6. 产品责任：是指产品的生产者、销售者因产品存在缺陷而给使用者、消费者造成人身伤害或缺陷产品以外的财产损失所应承担的侵权责任。

7. 产品质量责任：是指产品的生产者、销售者违反产品质量义务而应承担的法律后果，包括经济或民事责任、行政责任和刑事责任。

六、简答题

1. 简述我国《产品质量法》的适用范围。

答：根据我国《产品质量法》第 2 条规定，其适用范围如下：

(1) 适用的地域为中华人民共和国境内。

(2) 适用的主体为中华人民共和国境内的公民、企业、事业单位、国家机关、社会组织以及个体工商业经营者。

(3) 适用的产品是以销售为目的，通过工业加工、手工制作等生产方式所获得的具有特定使用性能的物品。

(4) 在中国境内销售的进口产品适用《中华人民共和国产品质量法》。

(5) 未经加工的天然形成的产品(如原矿、原煤、石油、天然气等)、初级农产品(如农、林、牧、渔等)不适用产品质量法。

2. 简述我国《产品质量法》所规定的生产者的不作为义务。

答：我国产品质量法禁止生产者为以下行为：

(1) 不得生产国家明令淘汰的产品；

(2) 不得伪造或者冒用认证标志、名优标志等质量标志；

(3) 不得伪造或者冒用他人的厂名、厂址；

(4) 生产产品不得掺杂、掺假，不得以假充真、以次充好，不得以不合格产品冒充合格产品；

(5) 国家颁发生产许可证才能生产的产品，未取得许可证的不得生产；

(6) 不得将不合格产品投入市场。

3. 简述构成承担瑕疵担保责任的条件。

答：根据我国《产品质量法》的有关规定，出售产品有下列情形之一的，即构成承担瑕疵担保责任的条件：

(1) 不具备产品应当具备的使用性能而事先未作说明的；

(2) 不符合在产品或其包装上注明采用产品标准的；

(3) 不符合以产品说明、实物样品等方式表明的质量状况的。

4. 简述生产者承担产品责任的条件。

答：生产者承担产品责任的条件有：

(1) 产品不符合《产品质量法》对产品质量的要求，即不具备产品应当具备的使用性能，不符合保障人体健康、人身财产安全的国家标准，行业标准；

(2) 有人身伤害或他人财产损失的事实；

(3) 产品质量不合格与人身伤害或财产损失之间存在因果关系。

5. 简述生产者承担因产品缺陷造成损害的赔偿责任的免责条件。

答：我国《产品质量法》规定，生产者因产品缺陷造成损害的赔偿责任，可因下列条件而免责：

(1) 未将产品投入流通的；

(2) 产品投入流通时，引起损害的缺陷尚不存在的；

(3) 将产品投入流通时的科学技术水平尚不能发现缺陷的存在的。

6. 简述销售者承担产品责任的条件。

答：销售者承担产品责任的条件包括：

(1) 产品缺陷是销售者的过错造成的；

(2) 销售者不能指明缺陷产品的生产者，也不能指明缺陷产品的供货者的；

(3) 销售者的产品不具备产品应当具备的使用性能而事先未作说明的；

(4) 销售者售出的产品不符合在产品或其包装上注明采用的产品标准的；

(5) 销售者售出的产品不符合以产品说明、实物样品等方式表明的质量状况的。

7. 简述销售者的产品质量责任和义务。

答：销售者的产品质量责任和义务有：

(1) 认真进货检查验收制度、验明产品合格证明和其他标识；

(2) 销售者应当采取措施，保持销售产品的质量；

(3) 销售者不得销售失效、变质的产品；

(4) 销售者销售的产品应当符合《产品质量法》第 15 条关于产品或者其包装上的标识的各项规定；

(5) 销售者不得伪造产地、不得伪造和冒用他人的厂名、厂址；

(6) 销售者不得伪造或者冒用认证标志、名优标志等质量标志；

(7) 销售者销售产品，不得掺杂、掺假，不得以次充好，以假充真，不得以不合格产品冒充合格产品。

七、论述题

1. 试述生产者的产品质量责任和义务。

答：生产者的产品质量责任是指生产者因其生产的产品有缺陷，造成用户、消费者或其他人的人身、财产损害而应承担的赔偿责任。

生产者的产品质量义务是指产品的生产者为满足用户和消费者的需要，在产品质量方面必须为一定行为或不为一定行为。

根据《产品质量法》的规定，生产者应承担的产品质量责任和义务体现在生产者的产品质量责任和义务，生产者的产品标识、包装方面的责任和义务以及生产者的不作为义务 3 个方面。

(1) 保证产品质量的责任和义务。保证产品质量是生产者首要的责任和义务，生产者应当对其生产的产品质量负责，生产者对其所生产的产品应保证：

第一，产品不得存在危及人身、财产安全的不合理的危险；

第二，产品应当具备应有的使用性能，但生产者对产品存在使用性能的瑕疵作出说明的除外；

第三，产品质量应当符合以产品说明、实物样品明示等方式表明的质量状况。

(2) 生产者在产品标识、包装方面的责任和义务。生产者生产的产品或者其包装上的标识应当符合以下要求：

第一，有产品质量检验合格证明，包括合格证、合格印章等；

第二，有中文标明的产品名称、生产厂厂名、厂址；

第三，根据产品的特点和使用要求，需要标明产品规格、等级，所含主要成分的名称和含量的，相应予以标明；

第四，限期使用的产品，标明生产日期和安全使用期或者失效日期；

第五，使用不当，容易造成产品本身损坏或者可能危及人身、财产安全的产品，有警示标志或中文警示说明；

第六，裸装的食品和其他根据产品的特点难以附加标识的裸装产品，可以不附加产品标识。

生产者在产品包装上的义务主要是其产品的包装应当符合国家的有关规定或合同约定。剧毒、危险、易碎、储运中不能倒置以及有其他特殊要求的产品，其包装必须符合国家法律、法规、规章、标准、合同中规定的包装要求，要有警示标志或中文警示说明。

(3) 生产者的不作为义务。我国《产品质量法》禁止生产者为以下行为：

第一，不得生产国家明令淘汰的产品；

第二，不得伪造或者冒用认证标志、名优标志等质量标志；

第三，不得伪造或者冒用他人的厂名、厂址；

第四，生产产品不得掺杂、掺假，不得以假充真、以次充好，不得以不合格产品冒充合格产品；

第五，国家颁发生产许可证才能生产的产品，未取得许可证的不得生产；

第六，不得将不合格产品投入市场。

2. 试论判定产品质量责任的依据。

答：根据我国《产品质量法》的规定，判定生产者和销售者的产品质量责任应当在以下几个方面作出区别，并以此为依据，对生产、销售者的产品质量责任进行追究：

(1) 违法与违约。产品质量法主要针对没有合同关系的产品质量侵权问题，对这种产品质量责任的承担，我国《产品质量法》实行的是严格责任原则。只要产品存在质量问题，特别是质量缺陷，一旦给用户或消费者造成损害或损失，不管有无合同关系，经营者都必须承担产品质量的侵权责任。

在存在合同的情况下，经营者会因为产品质量不符合合同约定而承担质量责任。经营者之间、经营者与用户和消费者之间订立的产品买卖合同、承担合同对质量都会有一定的要求和约定，经营者不按照约定生产，则质量不合格在此时属于一种违约责任。受损害方可以根据标的的性质及其受损程度，合理选择适应的违约责任方式要求违约方承担。在违约责任和侵权责任竞合的情况下，用户及消费者可以根据其自身利益，选择适用其中的一种责任，要求经营者承担。

(2) 产品缺陷责任与产品瑕疵责任。产品质量责任的发生以产品存在质量问题为前提条件。质量问题可以分为一般产品质量问题和严重产品质量问题，即是《产品质量法》中所称的产品瑕疵与产品缺陷。

产品质量瑕疵是指产品存在一般性的质量问题；而产品质量缺陷却是针对较为严重的产品质量问题而言。产品质量法中的产品质量缺陷指的是产品存在危及人身、他人财产安全的不合理的危险，产品或不符合有关保障人体健康，人身、财产安全的国家标准和行业标准。我国的《产品质量法》根据产品不同的质量问题规定了不同的产品责任，即产品瑕疵责任与产品缺陷责任，用户和消费者的权益受到损害或损失由何种产品质量问题引起，经营者应承担何种产品质量责任，应视具体情况而有所不同。

八、案例题

案例 1 答：(1) 根据我国《标准化法》的规定，我国的标准可以分为 4 类：① 国家标准。《标准化法》第六条规定：对需要在全国范围内统一的技术要求，应当制定国家标准。国家标准由国务院标准化行政主管部门制定。

② 行业标准。对没有国家标准而又需要在全国某个行业范围内统一的技术要求，可以制定行业标准。行业标准由国务院有关行政主管部门制定，报国务院标准化主管部门备案。

③ 地方标准。对没有国家标准和行业标准而又需要在省、自治区、直辖市范围内统一的工业产品的安全、卫生要求，可以制定地方标准。

④ 企业标准。企业生产的产品没有国家标准、行业标准的，应当制定相应的企业标准，作为组织生产的依据。企业的产品标准须报当地政府标准化行政主管部门备案。已有国家标准和行业标准的，国家鼓励企业制定严于国家标准或者行业标准，在企业内部适用。

在上述 4 类标准中，国家标准和行业标准分为强制性标准和推荐性标准。强制性标准包括药品标准、食品标准、兽药标准等等。《标准化法》第十四条规定：强制性标准必须执行。不符合强制性标准的产品，禁止生产、销售和进口。

而在本案中，糖果厂生产的蜂皇浆为食品，因此必须执行国家强制性标准。如果国家没有该项标准，糖果厂可制定内部执行的企业标准，但须报政府标准化行政主管部门备案，而糖果厂的企业标准却未报经备案。另外，其产品既无批号，亦无生产日期，因而，其严重违反了我国关于质量标准的法律规定。

(2)《标准化法实施细则》规定：生产不符合强制性标准的产品的，应当责令其停止生产，并没收产品，监督销毁或作必要技术处理；处以罚款；对有关责任者处以五千元以下罚款。销售不符合强制性标准的商品的，应当责令其停止销售，并限期追回已售出的商品，监督销毁或作必要技术处理；没收违法所得；处以罚款；对有关责任者处以五千元以下的罚款。

因此，该案中，县标准计量局处以罚款是正确的。但其处罚尚有不完善之处，即糖果厂生产的蜂皇浆为劣质产品，如被消费者食用，会对人体造成危害，因而，还须监督糖果厂将剩余产品予以销毁或没收，并没收违法所得。

案例 2 答：(1) 生产者对缺陷产品造成的损害承担无过错责任，除非生产者能举证产品具备免责条件。生产者能够证明存在下列条件之一的，可以不承担赔偿责任：

第一，未将产品投入流通的，生产者不承担产品缺陷损害赔偿责任。《产品质量法》第 2 条规定："本法适用于用于销售的产品"，因此未进入流通的产品属于仍在生产者控制之下的产品，不适用产品质量法，即使造成损害，生产者也不承担赔偿责任。

第二，产品投入流通时引起损害的产品缺陷尚不存在的，生产者不承担赔偿责任。产品存在缺陷是由于谁的过错所造成应当予以确认，产品投入流通时缺陷尚不存在，说明缺陷是产品在脱离生产者控制后进入流通领域才产生的，这种缺陷可能产生在运输、仓储或销售过程中，赔偿责任应由仓储、运输或销售部门承担。

第三，将产品投入流通时的科学技术水平尚不能发现缺陷的存在，生产者不承担损害赔偿责任。这里所指的科学技术水平是指当时整个社会的科学技术水平。

(2) 根据上述第一条的规定，本案原告使用的化妆品并非通过流逋渠道所得，而是通过亲友私自从厂里拿来，该产品未进入流通领域，因此 A 厂不承担赔偿责任。

根据上述第三条的规定，A 厂研制的实验品经过质量检验并未发现有害物质，对一般消费者并不存在缺陷。但产品中肯定还存在某些可能损害某些特殊过敏皮肤，在新的科学技术条件下有可能发现产品缺陷，但是当时的社会科学技术水平认为该产品并不存在缺陷。

因此，A 厂具备比较充分的免责条件，生产者不承担赔偿责任。

第六章　商标法律制度

本章知识重点提示

- 商标的概念、构成要素与分类
- 商标权的概念、法律特征
- 商标权的内容
- 商标权的取得原则与方式
- 商标注册的概念、原则与条件
- 商标禁用条款
- 商标注册的审查和核准
- 商标国外注册的途径
- 注册商标争议与注册不当商标撤销的概念
- 前两者程序与商标异议程序的区别
- 商标的续展与利用
- 注册商标的使用许可
- 商标管理的概念、商标权的保护
- 商标侵权行为的表现及其民事责任的承担
- 驰名商标的定义与认定条件

一、填空题

1. 按照商标的构成要素，可将商标分成________、________和________3种。

2. 注册不当商标撤销制度，是指对那些不具备________而取得注册的商标，通过________撤销其注册的制度。

3. 我国对商标专用权的保护主要有________和________两种方式。

二、单项选择题

1. 杭州娃哈哈(集团)股份有限公司注册了“娃哈哈”、“娃娃哈”、“娃哈娃”和“哈哈娃”等商标，这有利于其驰名商标“娃哈哈”得到有效保护。此4件商标构成（　　）。

A. 防御商标　　B. 集体商标

C. 联合商标　　D. 组合商标

2. 甲乙两厂均为生产保健营养品的企业。甲厂于1989年注册了V商标，乙厂于1990年注册了与V商标相近似的W商标，此时甲厂可提出（　　）。

A. 注册商标争议　　B. 注册商标异议

C. 商标侵权诉讼　　D. 冒充注册商标诉讼

3. 商标注册申请人对驳回申请、不予公告不服的，可在收到通知（　　）内申请复审。

A. 15天　　B. 30天

C. 3个月　　D. 6个月

4. 我国目前指定作为外国商标注册的委托代理人的是（　　）。

A. 中国国际贸易促进委员会　　B. 商标局

C. 商标代理事务所　　D. 县以上工商行政管理局

5. 以下可以申请注册的商标为（　　）。

A. “铁牛”牌拖拉机　　B. “联想”牌复印机

C. “红新月”牌猪肉罐头　　D. “万能”牌理疗仪

6. 在国际上，大多数国家采取（　　）确定商标权的归属。

A. 使用原则　　B. 属人原则

C. 属地原则　　D. 注册原则

7. 某企业的注册商标应于1998年10月5日有效期满，如需要继续使用，应于何时之前申请续展注册，未申请续展的，商标局应于何时之后注销其注册商标。（　　）

A. 1998年10月5日；1999年4月5日

B. 1998年4月5日；1998年10月5日

C. 1998年4月5日；1999年4月5日

D. 1998年10月5日；1999年1月5日

8. 中外合资企业的外方作为申请人办理商标注册的，应按（　　）商标注册申请程序办理。

A. 国内　　B. 外国

C. 合营企业合同规定的　　　　　D. 使用许可合同约定的

9. 某地工商局在审查某皮革制品厂拟使用在其生产的皮制品上的商标时，发现其中有不符合法律规定的商标。该商标是(　　)。

A. "千里"牌商标　　　　　　　B. "七匹粮"牌商标

C. "羊皮"牌商标　　　　　　　D. "耐斯"牌商标

10. "云雾飞"是某公司的注册商标。某一天，该公司所在地的工商行政管理机关以其注册商标"云雾"连续3年未被使用为由，责令其限期改正。对此，该公司不服，同时列举出了几种使用证据，其中符合商标法规定的"使用"方式的是(　　)。

A. 公司的名称中包含了该商标，且其名称一直在使用，并在相应的商标上做了标记"R"

B. 将该商标制作为匾牌挂在公司的办公室墙壁上

C. 在介绍公司发展历程的书籍中使用了该商标的文字和图案

D. 该公司某业余作者在其创作的一首诗中有"黄山云雾飞，天下一绝景"的诗句

11. 对初步审定的商标提出异议的，异议人(　　)。

A. 应向商标局交纳商标异议费　　B. 应向商标局交纳手续费

C. 应向商标局交纳异议审查费　　D. 无需交纳任何费用

12. 商标注册人自行转让注册商标，而被商标局撤销其注册商标的，其注册商标(　　)。

A. 自始无效

B. 自转让之日起失效

C. 自商标局撤销决定生效之日起失效

D. 自转让被宣告无效之日起失效

13. 在某公司的商标注册申请公告后，第三人对此提出异议，商标局裁定异议成立。该公司对此裁定不服，向商标评审委员会申请复审。该异议人对复审裁定不服，则(　　)。

A. 可以向人民法院起诉　　　　　B. 可以向仲裁机构申请仲裁

C. 可以请求国家工商总局再复审　D. 也必须服从

14. 规定国内注册商标可以无限期使用的法规是(　　)。

A. 1950年公布的《商标注册暂行条例》

B. 1963年公布的《商标管理条例》

C. 1982 年公布的《商标法》

D. 1993 年公布的《商标法》(修正)

15. 某企业在未征得《虎》图著作权人许可的情况下，擅自将该图作为商标申请注册使用在白酒上，并获得核准注册。该企业的行为属于(　　)。

A. 模仿他人的作品作为商标进行注册

B. 侵犯他人的著作权进行注册

C. 虚构事实真相伪造申请进行注册

D. 使用商标法禁止使用的图形进行注册

16. 茶叶厂甲为进出口公司加工包装茶叶，并经许可使用乙的“春毫”商标，按照商标法对注册商标使用许可的规定，甲厂加工的茶叶包装上应当(　　)。

A. 标明茶叶原产地　　B. 标明甲的名称和茶叶产地

C. 标明乙的名称　　D. 标明乙的名称和茶叶产地

17. 我国对同一申请人在不同类别的商品或服务上使用同一商标的注册要求，目前是采取(　　)。

A. “一表一类”　　B. “一表多类”

C. “分表一类”　　D. “一表分类”

18. 商标异议复审的申请人应该是(　　)。

A. 原异议案件的当事人

B. 原异议案件的相关第三人

C. 原异议案件的当事人的委托人

D. 包括原异议案件当事人在内的任何第三人

19. 老企业甲与新办企业乙在各自生产的台灯上，于同一日分别向商标局申请注册“长城”商标。经查，两企业的注册申请均符合法律规定，且在申请前对该商标均未使用。如果甲、乙在规定的期限内协商不成，则该商标应由(　　)。

A. 甲企业使用　　B. 乙企业使用

C. 甲、乙的申请均予驳回　　D. 甲、乙抽签决定

20. 商标复审的申请应当在规定的期限内提起，因不可抗拒的事由或其他正当理由，可以在(　　)。

A. 期满前申请延期 15 天　　B. 期满后申请延期 15 天

C. 期满前申请延期 30 天　　D. 期满后申请延期 30 天

21. 甲公司于2000年3月为其生产的酸奶注册了“乐乐”商标，该商标经过长期使用，在公众中享有较高声誉。2004年8月，同一地域销售牛奶的乙公司将“乐乐”登记为商号并突出宣传使用，容易使公众产生误认。下列哪种说法是正确的？（　　）

A. 乙公司的行为必须实际造成消费者误认，才侵犯甲公司的商标权

B. 即使“乐乐”不属于驰名商标，乙公司的行为也侵犯了甲公司的商标权

C. 甲公司可以直接向法院起诉要求撤销该商号登记

D. 乙公司的商号已经合法登记，应受法律保护

三、多项选择题

1. 下列商品商标不能获准注册的是（　　　　）。

A. “太阳”墨镜　　B. “一洗黑”染发剂

C. “黑又亮”鞋油　　D. “重庆”牙膏

E. “国光”口琴

2. 以下行为构成侵犯他人商标专用权的是（　　　　）。

A. 未经长虹电器公司许可，在沙发类产品注册长虹商标

B. 销售假冒的长虹牌高清电视

C. 将枫叶牌西裤的商标撕下来，贴上正宗皮尔卡丹的商标并将它们在商场里销售

D. 某县酒厂生产西风酒，风字采用繁体，与名酒西凤酒相似

3. 某注册商标专用权保护期即将届满时，下列命题中正确的选项是（　　　　）。

A. 该注册商标所有人在保护期届满前6个月内提出续展注册申请，是有效的

B. 该注册商标所有人在保护期届满后6个月内提出续展注册申请，是有效的

C. 该注册商标所有人在一年期限内提出的续展注册申请，都是有效的

D. 该注册商标的受让人在法定期限内提出的续展注册申请，也是有效的

E. 该注册商标所有人未在法定期内提出续展注册申请的，其注册商标专用权即刻终止

4. 假冒商标罪的表现形式有(　　　　)。

A. 未经注册商标所有人许可,在类似商品上使用与其注册商标相同的商标,违法所得数额较大的

B. 销售明知是假冒注册商标商品,违法所得数额较大的

C. 伪造、擅自制造他人注册商标标识,违法所得数额较大的

D. 销售他人注册商标标识,情节严重的

E. 故意为侵犯他人注册商标专用权行为提供隐匿等便利条件,违法所得数额较大或者情节严重的

5. 根据修订后的新刑法规定,我国对假冒注册商标犯罪的具体罪名规定有(　　　　)。

A. 假冒注册商标罪

B. 非法制造注册商标标识罪

C. 销售假冒注册商标商品罪

D. 销售非法制造的注册商标标识罪

6. 选择一个好的商标应该注意(　　　　)。

A. 可以借用别人商标

B. 商标要具有显著性

C. 商标要符合消费者心理

D. 商标不需要与商品的性质协调

7. 在我国,商标注册申请应当满足的条件有(　　　　)。

A. 商标注册申请人具备申请商标注册的资格

B. 按规定的途径提交商标注册申请

C. 商标注册申请文件完备

D. 按规定缴纳商标注册费用

8. 企业可以采取的商标策略有(　　　　)。

A. 选择一个好的商标

B. 通过正确的注册策略强化商标权利,扩大权利范围

C. 正确的品牌经营策略以创立驰名商标

D. 要正确使用商标

9. 经许可使用他人注册商标的,必须在使用该注册商标的商品上标明(　　　　)。

A. 许可人的名称

B. 许可人的商品产地

C. 被许可人的名称

D. 被许可人的商品产地

E. 许可人和被许可人的名称和商品产地

10. 商标权的权项包括(　　　　)。

A. 专用权　　　　B. 禁止权

C. 转让权　　　　D. 许可使用权

11. A市甲厂是某种饮料的商标注册人,在与B市乙厂签订的该商标使用许可合同中,特别约定乙厂使用甲厂商标的饮料全部使用甲厂的包装瓶,该包装瓶仅标注甲厂的名称和产地。该合同未报商标局备案即付诸履行。下列哪些说法是正确的?(　　　　)

A. 该商标使用许可合同无效

B. 该特别约定无效

C. 乙厂使用甲厂的包装瓶侵犯了甲厂的企业名称权

D. 乙厂使用甲厂的包装瓶侵犯了消费者的知情权

四、判断题

1. 对驳回申请、不予公告的商标,商标局必须以书面形式通知申请人。(　　)

2. 商标评审委员会做出的争议裁定为终局裁定,裁定书一经作出,立即发生法律效力。(　　)

3. 对已经注册的商标有争议的,任何人均可自该商标核准注册之日起一年内,向商标评审委员会申请裁定。(　　)

4. 冒充注册商标与假冒他人注册商标,事实上是一回事。(　　)

5. 我国商标到国外注册的途径,目前只有办理逐一国家注册这一方法。(　　)

6. 依法成立的国家机关、企事业单位、社会团体、个体工商业者、个人合伙以及外国人、外国企业都有权申请商标注册。(　　)

7. 集体商标的使用人一般为集体成员,在特殊情况下,集体商标可许可非集体成员使用。(　　)

8. 转让注册商标的,商标注册人对其在同一种或类似商品或服务上注册的相同或者近似的商标,必须一并办理。(　　)

参 考 答 案

一、填空题

1. 视觉商标　听觉商标　味觉商标　　2. 注册条件　法定程序　3. 行政保护　司法保护

二、单项选择题

1. C　2. A　3. A　4. C　5. B　6. D　7. C　8. A　9. C　10. A　11. A　12. C　13. A　14. B　15. B　16. B　17. B　18. A　19. D　20. C　21. B

三、多项选择题

1. ABCD　2. BCD　3. ABDE　4. ABCD　5. ABCD　6. BCD　7. ABCD　8. ABCD　9. CD　10. ABCD　11. BD

四、判断题

1. 正确　2. 错误　3. 错误　4. 错误　5. 错误　6. 错误　7. 错误　8. 正确

第七章　广告法律制度

本章知识重点提示

- 广告法的适用范围
- 广告法的基本原则
- 广告法的基本要求
- 广告准则规范的几类特殊广告的要求
- 广告发布和广告经营
- 广告审查管理

一、填空题

1. 我国《广告法》所称的广告是指________或________承担费用，通过一定媒介或间接地介绍自己所推销的商品或者所提供的服务的________。

2. 我国《广告法》规定：利用广播、电影、电视、报纸等发布________、________、________和________等商品的广告，必须在发表前依照法律、法规报有关广告审查机关进行审查，未经审查，不得发布。

二、不定项选择题

1. 以下各项中属于《中华人民共和国广告法》调整的广告主体是(　　)。

A. 上海市工商局

B. 上海东方电视台

C. 欲在东方电视台刊登商品广告的某企业

D. 专门制作各类广告的某广告公司

2. 下列合法的广告用语是(　　)。

A. 五星红旗我爱你，就像爱着“某某鞋”

B. “汤臣一品”是中国最顶级、最豪华的超高品质楼盘

C. 《浙江日报》某年某月某日刊登了“中华”香烟的广告

D. “玉兰油”，让你的肌肤如丝般光滑

3. 烟草广告可以在下列哪些地方发布？（　　　　）

A. 某县级电视台的电视频道　　　　B. 上海吴淞码头候船厅

C. 人民大会堂　　　　D. 沪宁高速公路两侧

4. 以下不得做广告的是（　　　　）。

A. 精神药品　　　　B. 烟草制品

C. 农药　　　　D. 药品

三、判断题

1. 在我国境内发布的所有广告均需要遵循《中华人民共和国广告法》的规定。（　　）

2. “枪手”牌蚊香发布广告可以不经有关机关的审查。（　　）

3. 广告违法行为只需要承担行政责任，不用承担刑事责任。（　　）

4. 在《读者》上发表“利群”烟草广告是符合《广告法》规定的。（　　）

参考答案

一、填空题

1. 商品经营者　服务提供者　商业广告　　2. 药品　医疗器械　农药　兽药

二、不定项选择题

1. A B C D　　2. D　　3. D　　4. A

三、判断题

1. 错误　　2. 正确　　3. 错误　　4. 错误

第八章　专利法律制度

本章知识重点提示

- 专利权的概念、特点与功能
- 专利权的客体：发明、实用新型、外观设计
- 不授予专利权的项目
- 授予专利的实质性条件
- 专利权的归属(职务发明与非职务发明)
- 专利权人的权利与义务
- 专利申请原则及专利申请的审批
- 专利权的期限与无效宣告制度
- 专利权的保护范围
- 专利权的限制
- 专利侵权行为的种类
- 专利侵权行为的解决方式及其民事责任

一、单项选择题

1. 下列选项中，不属于专利权内容的是(　　)。

A. 独占实施权　　B. 人身权

C. 进口权　　D. 转让权

2. 根据我国的专利审查制度，对发明专利采取(　　)。

A. 实质性审查制　　B. 初步审查制

C. 请求审查制　　D. 早期公开延迟审查制

3. 发明或实用新型的国际优先权是指，申请人在外国第一次提出专利申请之日起(　　)又在中国就相同主题提出专利申请的情形。

A. 6 个月　　B. 12 个月

C. 18 个月　　D. 24 个月

4. 发明专利的保护范围以(　　)为准。

A. 专利请求书　　B. 说明书

C. 摘要　　D. 权利要求书

5. 涪陵榨菜外包装图案申请并依法取得了专利，其专利有效期限为(　　)。

A. 10年　　B. 20年

C. 30年　　D. 50年

6. 专利法上所称的发明是指(　　)。

A. 对产品、方法及其改进所提出的新的技术方案

B. 对产品的形状、构造或者其结合所提出的适用于实用的新的技术方案

C. 对产品的形状、图案或其结合以及色彩与图案的结合所作出的富有美感并适用于工业应用的新设计

D. 以上均不准确

7. 我们通常所说的“小发明”是指(　　)。

A. 发明　　B. 实用新型

C. 外观设计　　D. 集成电路布图设计

8. 以下专利申请需要经过实质性审查的是(　　)。

A. 发明　　B. 外观设计

C. 实用新型　　D. 以上都不是

9. 中国学者王某在法国完成一项产品发明。1992年12月3日，王某在我国某学术研讨会上介绍了他的这项发明成果。1993年6月16日，出席过这次研讨会的某研究所工程师张某，将这项成果作为他自己的非职务发明，向中国专利局提出专利申请。1993年5月5日，王某以这项成果在法国提出专利申请。1994年4月28日，王某又以同一成果向中国专利局提出专利申请，同时提出要求优先权的书面声明，并提交了有关文件。关于本案的以下意见中，哪一个是正确的？(　　)

A. 张某申请在先，按照先申请原则，享有专利申请权

B. 王某享有国外优先权，故专利申请应属王某，其申请日为1993年5月5日

C. 王某是中国人，不应享有国外优先权，但张某不是真正的发明人，故专利申请权应属王某，其申请日应为1994年4月28日

D. 王某的发明已丧失新颖性，应驳回双方的申请

10. 张维是甲科研所的工作人员，他承担了本单位的某项科技开发课题，研制了一种冷凝机。在尚未研制成功之时，张维工作调至乙科研院工作，张维又利用乙科研院的设备及技术资料继续研制，终于将新型冷凝机研制成功。丙厂认为该冷凝机市场很大，遂向张维提出转让该冷凝机技术。张维与丙厂签订了一份技术转让合同。现甲科研所、乙科研院对此提出异议，认为该技术成果属于自己，张维无权签订技术转让合同。根据有关法律规定，下面的表述中哪项是正确的？（　　）

A. 张维有权与丙厂签订技术转让合同，因该技术成果归张维所有

B. 该技术成果归甲科研所所有，张维无权与丙厂签订技术转让合同

C. 该技术成果归乙科研院所有，张维无权与丙厂签订技术转让合同

D. 该技术成果由甲科研所、乙科研院合理分享，张维无权与丙厂签订技术转让合同

二、多项选择题

1. 以下有关专利权的说法，正确的是（　　　　）。

A. 专利权是一种自然权利

B. 专利是以公开其主要内容来换取法律对其保护的

C. 专利权也是财产权的一种

D. 专利权被授予之前要经过国家专利行政主管机关的实质性审查

2. 以下属于专利申请时应当递交的文件的有（　　　　）。

A. 请求书　　　　B. 说明书

C. 权利要求书　　　　D. 优先权要求书

3. A君发明了万能娱乐机，取得我国发明专利，可是没有到美国专利商标局申请专利，那么，以下说法正确的是（　　　　）。

A. 其专利权具有新颖性、实用性和创造性

B. 其专利依法在我国受到保护

C. 其专利不受美国专利法保护

D. 其专利在我国享有10年的保护期

4. 专利制度在技术创新中有哪些积极作用？（　　）

A. 激励发明创造

B. 有效配置技术创新资源

C. 促进新技术产业化

D. 维护公平竞争

5. 中国专利法保护的对象统称为“发明创造”，它们具体包括(　　　　)。

A. 发明　　　　B. 实用新型

C. 外观设计　　　　D. 计算机软件

6. 根据《专利法》规定，以下情形中属于非侵权行为的有(　　　　)。

A. 权利用尽　　　　B. 不知者无过

C. 先使用权　　　　D. 临时过境

E. 科学实验

7. 甲单位拥有一项环保热水器的发明专利权，乙单位对此加以改进后获得重大技术进步，并取得新的专利权，但是专利之实施有赖于甲单位的专利之实施，双方又未能达成实施许可协议。在此情形下，下述哪些说法是正确的？(　　　　)

A. 甲可以申请实施乙之专利的强制许可

B. 乙可以申请实施甲之专利的强制许可

C. 乙在取得实施强制许可后，无须给付甲使用费

D. 任何一方在取得实施强制许可后即享有独占的实施权

三、判断题

1. 对于专利的取得原则，目前，世界上绝大多数国家都采用“先发明原则”。(　　)

2. 在冒充专利的侵权行为中，事实上被冒充的是他人已经取得的实际存在的专利。(　　)

3. 科学发现属于可以授予专利权的发明创造项目。(　　)

4. 根据我国的法律规定，向外国申请专利，可以首先向国家知识产权局提出专利申请。(　　)

5. 对于“三性”中的创造性而言，实用新型应具有实质性特点和显著的进步的法律特征。(　　)

6. 在专利事务管理中，将技术秘密同申请专利结合起来考虑，是众多企业单位的通常做法。(　　)

7. 与动植物新品种不被授予专利保护的惯例一样，生产动物、植物品种的新方法一般也不能获得专利的保护。(　　)

8. 专利的专有性，也称“独占性”或“垄断性”。(　　)

参 考 答 案

一、单项选择题

1. B　2. D　3. B　4. D　5. A　6. A　7. B　8. A　9. B　10. D

二、多项选择题

1. BC　2. ABC　3. ABC　4. ABCD　5. ABC　6. ABCDE　7. AB

三、判断题

1. 错误　2. 错误　3. 错误　4. 错误　5. 错误　6. 正确　7. 错误　8. 正确

第九章　对外贸易法律制度

本章知识重点提示

- 对外贸易法律制度的概念
- 对外贸易法的基本原则
- 与对外贸易有关的知识产权保护
- 对外贸易救济措施

一、填空题

1. 对外贸易法律制度包括：________、________、________、________、________以及有关保护竞争，限制垄断及不公平贸易等方面。

2. 国家通过________、________、________及其他促进对外贸易的方式，发展对外贸易。

3. 中华人民共和国的________不适用《中华人民共和国对外贸易法》。

4. 国家根据对外贸易调查结果，可以采取适当的________。

5. 国家对限制进口或者出口的货物，实行________、________等方式管理；对限制进口或者出口的技术，实行许可证管理。

6. 从事货物进出口或者技术进出口的对外贸易经营者，应当向国务院对外贸易主管部门或者其委托的机构办理________。

7.《中华人民共和国对外贸易法》适用于________以及________的知识产权保护。

8.《中华人民共和国对外贸易法》所称对外贸易，是指________、________和________。

二、不定项选择题

1. 根据我国有关法律，下列关于对外贸易救济措施的表述哪些是错误的？（　　）

A. 对外贸易救济措施只能针对不公平贸易行为

B. 根据《反补贴条例》进行调查、采取反补贴措施的补贴，必须具有专向性

C. 进口产品数量增加，对建立国内产业造成实质阻碍的，可以采取保障措施

D. 反倾销税对终局裁定公告之日起进口的产品适用，在特殊情况下可以追溯征收

2. 国家基于下列哪些原因，可以限制或者禁止有关货物、技术的进口或者出口(　　　　)。

A. 为维护国家安全、社会公共利益或者公共道德的需要的

B. 为保护人的健康或者安全，保护动物、植物的生命或者健康，保护环境，需要限制或者禁止进口或者出口的

C. 为实施与黄金或者白银进出口有关的措施，需要限制或者禁止进口或者出口的

D. 国内供应短缺或者为有效保护可能用竭的自然资源，需要限制或者禁止出口的

3. 依《对外贸易法》、《反倾销条例》，下列有关反倾销及保障措施的表述，不正确的有哪几项？(　　　　)

A. 倾销指在正常贸易过程中进口产品以低于正常价格进入中华人民共和国

B. 倾销对国内产业的损害是指对已经建立的国内产业造成的实质损害或者产生实质损害威胁，或者对国内产业造成实质阻碍，这与保障措施的规定一样

C. 反倾销调查的发起方式有两种：国内产业或代表国内产业的自然人、法人或者有关组织申请发起；商务部自主决定立案调查

D. 自反倾销立案调查决定公告之日起60天内，不得采取临时反倾销措施

4. 关于贸易救济措施争议的国内程序救济和多边程序救济，下列哪些说法是正确的？(　　　　)

A. 前者的当事人是原调查的利害关系人，而后者的当事人是出口国政府和进口国政府

B. 前者的申诉对象是主管机关的具体行政行为，而后者的申诉对象则

还包括行政复议裁决、法院判决，甚至还包括进口国立法

C. 前者的审查依据是进口国国内法，而后者的审查依据是 WTO 的相关规则

D. 前者遵循的是进口国国内行政复议法或行政诉讼法，而后者遵循的是 WTO 的争端解决规则

三、判断题

1. 依《中华人民共和国对外贸易法》的规定，中国公民和外国公民均可以从事外贸经营活动。（　　）

2. 我国不准许货物与技术的自由进出口。（　　）

3. 在战时或者为维护国际和平与安全，国家在货物、技术进出口方面可以采取任何必要的措施。（　　）

4. 启动对外贸易调查，由司法部发布公告。（　　）

四、名词解释

1. 对外贸易

2. 对外贸易经营者

参 考 答 案

一、填空题

1. 关税制度　许可证制度　配额制度　外汇管理制度　商标制度　2. 进出口信贷　出口信用保险　出口退税　3. 单独关税区　4. 对外贸易救济措施　5. 配额　许可证　6. 备案登记　7. 对外贸易　与对外贸易有关　8. 货物进出口　技术进出口　国际服务贸易

二、不定项选择题

1. A C　2. A B C D　3. A B　4. A B C D

三、判断题

1. 正确　2. 错误　3. 正确　4. 错误

四、名词解释

1. 对外贸易：是指货物进出口、技术进出口和国际服务贸易。

2. 对外贸易经营者：是指依法办理工商登记或者其他执业手续，依照《中华人民共和国对外贸易法》和其他有关法律、行政法规的规定从事对外贸易经营活动的法人、其他组织或者个人。

第十章　消费者权益保护法律制度

本章知识重点提示

- 消费者的概念
- 《消费者权益保护法》的适用范围
- 消费者权益保护的基本原则
- 消费者依据消法享有的九大权利及其各自的定义
- 经营者的义务
- 国家对消费者合法权益的保护手段
- 消费争议解决的途径
- 承担损害赔偿责任的主体的确定

一、填空题

1. 《消费者权益保护法》中的消费者是指________消费者。

2. 消费者因购买、使用或接受服务受到人身、财产损害的，享有________的权利。

3. 国家规定或经营者与消费者约定三包的商品，经营者应当负责________、________或________。

4. 经营者提供商品或者服务，应当按国家规定或商业惯例向消费者出具________或________。

5. 消费者在购买、使用商品时，其合法权益受到损害的，可以向________或________要求赔偿。

6. 消费者在展销会、租赁柜台购买商品或者接受服务时受到损害的，可以向________或要求________要求赔偿；展览会结束后或者柜台租赁期满后，可以向________、________要求赔偿。

7. 消费者因虚假广告受到损害的，可以向________要求赔偿。若广告的经营者不能提供经营者的真实名称、地址的，应承担赔偿责任。

8. 使用他人营业执照造成损害的，受害人可以向________或________

要求赔偿。

二、单项选择题

1. 以下不属于我国《消费者权益保护法》的调整范围的是（　　）。

A. 某个体户购进一批服装用于销售

B. 某个体户到某歌厅跳舞

C. 某个体户销售一套服装给一女士

D. 某个体户购进一箱快餐面作早餐

2. 消费者协会是（　　）。

A. 机关法人　　B. 事业单位法人

C. 企业法人　　D. 社团法人

3. 消费者在购买、使用商品或接受服务时，其合法权益受到损害，原企业分立、合并的，消费者可向（　　）要求赔偿。

A. 原企业　　B. 变更后的企业

C. 原企业的上级主管部门　　D. 消费者协会

4. 消费者的知情权的客体不包括（　　）。

A. 商品价格　　B. 商品产地

C. 商品主要成分　　D. 商品成本

5. 消费者协会是最普遍、最重要的消费者组织，下列选项中与其职能不相符合的是（　　）。

A. 向消费者提供消费信息和咨询服务

B. 参与有关行政部门对商品服务的监督和检查

C. 受理消费者的投诉，并对投诉事项进行调查、调解，并做出裁决

D. 支持消费者就损害消费者合法权益的行为提起诉讼

6. 消费者因啤酒瓶爆炸造成身体上的伤害，根据我国《消费者权益保护法》的有关规定，该消费者（　　）受到了侵犯。

A. 公平交易权　　B. 知悉真情权

C. 保障安全权　　D. 维护尊严权

7. 某酒店禁止面容丑陋者进入该酒店消费的做法侵犯了消费者的（　　）。

A. 自主选择权　　B. 公平交易权

C. 维护尊严权　　D. 保障安全权

8. 消费者是相对于经营者而言的《消费者权益保护法》中的另一主体，

其指的是为满足生活消费的需要而购买、使用商品或接受服务的(　　)。

A. 自然人　　　　B. 法人

C. 企、事业单位　　　　D. 其他组织

9. 对“三包”商品，保修期内经过(　　)修理后仍不能正常使用的，经营者应负责更换或退换。

A. 一次　　　　B. 两次

C. 三次　　　　D. 三次以上

10. “售出商品概不退换”的店堂告示侵犯了消费者的(　　)。

A. 公平交易权　　　　B. 保障安全权

C. 依法求偿权　　　　D. 知悉真情权

11. 某商场在节日期间为搞促销，进行有奖销售，具体办法是：分两次抽奖，第一次一等奖三名，各奖励冰箱一台(价值 4 000 元)，第二次一等奖两名，各奖电视机一台(价值 2 000 元)。第一次获奖者还可以参加第二次抽奖。对此事的以下判断中哪个是正确的？(　　)

A. 开奖不允许分两次进行，该商场构成不正当有奖销售

B. 可以两次开奖，因为每次的最高奖励未超过 5 000 元，属于正当的有奖销售

C. 不可以两次开奖，因为两次的最高奖励超过 5 000 元，属于不正当的有奖销售

D. 是不是正当有奖销售，应取决于最后抽奖结果是否出现一人连续两次中一等奖

三、多项选择题

1. 根据我国《消费者权益保护法》的规定，消费者享有(　　)等权利。

A. 保障安全权　　　　B. 自由结社权

C. 自主选择权　　　　D. 接受知识权

E. 监督批评权

2. 消费者享有维护尊严权，在消费时其(　　)应受到尊重。

A. 人格尊严　　　　B. 民族风俗

C. 宗教信仰　　　　D. 合理要求

E. 姓名或名称

3. 消费争议的解决途径包括(　　　　)。

A. 消费者与经营者协商解决　　B. 请求消费者协会调解

C. 向有关行政部门申诉　　D. 向人民法院提起诉讼

E. 根据消费者与经营者达成的仲裁协议,提请仲裁机构仲裁

4. 根据我国《消费者权益保护法》的规定,经营者负有(　　　　)等义务。

A. 听取消费者意见并接受监督　　B. 不作虚假宣传

C. 出具相应凭证和单据　　D. 进行公平交易

E. 保障消费者人身和财产安全

5. 经营者对工商行政管理部门依据《消费者权益保护法》作出的行政处罚不服的,可以(　　　　)。

A. 向上一级机关申请复议

B. 直接向人民法院起诉

C. 拒不执行

D. 先申请复议,如对复议决定不服,再向人民法院提起诉讼

E. 不能复议,可起诉

6. 消费者有权要求经营者提供商品的(　　　　)。

A. 用途　　B. 生产日期

C. 等级　　D. 价格

E. 检验合格证明

7. 经营者不得以(　　　　)等方式作出对消费者不公平、不合理的规定。

A. 广告　　B. 声明

C. 通知　　D. 店堂告示

E. 格式合同

8. 惩罚性赔偿金主要适用于经营者存在欺诈行为时,即(　　　　)。

A. 冒用认证标志　　B. 发布虚假广告

C. 冒用他人的注册商标　　D. 侮辱消费者

E. 故意不告知消费者商品存在瑕疵

9. 甲在个体商贩乙的摊位上试穿一双皮鞋,后对颜色不太满意决定不买。乙指着墙上贴着的"无意勿动"标志,强行要求甲购买,并且不得还价。乙的行为侵犯了甲的哪些消费者权利?(　　)

A. 安全保障权　　B. 维护尊严权

C. 自主选择权　　　　　　　　D. 公平交易权

四、判断题

1. 经营者有向消费者出具购货凭证或服务单据的义务。（　　）

2. 经营者因违反《消费者权益保护法》而被行政机关处罚的，若对行政处罚不服，可先行申请复议，再行起诉，但不能直接起诉。（　　）

3. 经营者应当听取消费者的意见，并立即改正。（　　）

4. 消费者为表明自己的清白，有义务让经营者搜查自己的身体。（　　）

五、名词解释

1. 消费者

2. 保障安全权

3. 消费者权益

六、简答题

1. 简述我国消费者协会的职能。

2. 简述我国《消费者权益保护法》所规定的消费者享有的九大权利。

3. 简述消费者自主选择权的表现形式。

4. 简述《消费者权益保护法》所规定的经营者的义务。

5. 简述消法确定承担损害赔偿责任主体方面的规定。

6. 简述消法所规定的侵犯消费者权益的行为所应承担的法律责任及具体责任方式。

七、论述题

试述应当承担行政责任的经营者违法行为及其应当承担的法律责任。

八、案例题

案例 1　2004 年春，江苏省某县 19 户村民在县农技站买了"威优 46 杂交稻种"。共插了 80 亩大田，由于种子内掺有劣质的"威优 64"种子，性能不同，成熟时间、分蘖多少、栽培技术不同，到 8 月上旬第一次中耕时，就出现禾苗分蘖多少相差悬殊，株茎高矮参差不齐，致使每亩减产 150 公斤，80 亩大田共减产 10 710 公斤。受害的 19 户村民要求赔偿经济损失，并联名到县消费者协会进行投诉。

问题：

（1）种子质量问题是否适用《消费者权益保护法》？

（2）消费者协会能否处理此案？

案例 2 威海县商业局和供销社联手举办商品展销会，甲在展销会上以 2 150 元的价格购买了 B 厂展销的电冰箱一台，将冰箱拉回家后，甲按照说明书的要求安放、接通电源。但是过了很长时间仍然没有动静，打开冰箱发现里面很热。第二天，甲到展销会，请 B 厂技术人员到家里维修，经过两个多小时检修，冰箱恢复正常。但是，用了一周之后，冰箱再也不能制冷了，此时展销会已经结束。甲写信到 B 厂要求维修更换，被告知 B 厂已被合并到 C 厂，B 厂已被撤销。

问题：

（1）甲应向谁提出修理、更换、退货等要求？

（2）甲可以通过何种途径解决纠纷？

参 考 答 案

一、填空题

1. 生活资料 2. 依法获得赔偿 3. 修理 更换 退货 4. 购货凭证 服务单据 5. 生产者 销售者 6. 销售者 服务者 举办者 出租者 7. 经营者 8. 违法经营者 执照的持有人

二、单项选择题

1. A 2. D 3. B 4. D 5. C 6. C 7. C 8. A 9. B 10. A 11. C

三、多项选择题

1. A C D E 2. A B 3. A B C D 4. A B C D E 5. A B D 6. A B C D E 7. B C D E 8. A B C E 9. C D

四、判断题

1. 正确 2. 错误 3. 错误 4. 错误

五、名词解释

1. 消费者：是指为了满足个人生活消费的需要而购买、使用商品或者接受服务的居民。

2. 保障安全权：是指消费者在购买、使用商品和接受服务时所享有的保障其人身财产安全不受损害的权利，是消费者最基本的权利。

3. 消费者权益：是指消费者依法享有的权利以及该权利受到保护时给消费者带来的应得利益。

六、简答题

1. 简述我国消费者协会的职能。

答：我国消费者协会应依法履行其职能，主要有：

(1) 向消费者提供消费信息和咨询服务；

(2) 参与有关行政部门对商业服务的检查；

(3) 就有关消费者合法权益的问题，向有关行政部门反映、查询，提出建议；

(4) 受理消费者投诉，并进行调查、调解；

(5) 投诉事项涉及商品和服务质量问题的，提请鉴定部门鉴定，鉴定部门应告知鉴定结论；

(6) 支持受损害的消费者提起诉讼；

(7) 对损害消费者合法权益的行为，通过大众传播媒介予以揭露、批评。

2. 简述我国《消费者权益保护法》所规定的消费者享有的九大权利。

答：我国《消费者权益保护法》所规定的消费者享有的九大权利有：

(1) 保障安全权。指消费者在购买、使用商品和接受服务时所享有的保障其人身、财产安全不受损害的权利，它包括消费者身体健康不受损害和生命安全有保障的权利。

(2) 知悉真情权。即消费者享有知悉其购买、使用的商品或接受的服务的真实情况的权利，也称为了解权、知情权。

(3) 自主选择权。是指消费者根据自己的意愿独立自主地选择商品或服务的权利，包括自主选择提供商品或服务的经营者；自主选择商品品种或服务方式；自主决定购买或不购买任何一种商品，接受或不接受任何一项服务;在自主选择商品或服务时享有进行比较、鉴别和挑选的权利。

(4) 公平交易权。消费者在购买商品或接受服务时,有权获得质量保障、价格合理、计量正确等公平交易条件,有权拒绝经营者的强制交易行为。

(5) 损害求偿权。消费者在因购买、使用商品或者接受服务受到人身、财产损害时,依法享有要求并获得赔偿的权利。

(6) 依法结社权。消费者享有依法成立维护自身合法权益的社会团体的权利。

(7) 获取知识权。消费者享有获得有关消费和消费者权益保护方面的知识的权利。

(8) 维护尊严权。消费者在购买、使用商品和接受服务时享有其人格尊严、民族风俗习惯得到尊重的权利。

(9) 监督批评权。消费者享有对商品和服务以及保护消费者权益工作进行监督的权利,有权检举、控告侵害消费者权益的行为和国家机关及其工作人员在保护消费者权益工作中的违法失职行为,有权对保护消费者权益工作提出批评和建议。

3. 简述消费者自主选择权的表现形式。

答:消费者自主选择权表现在以下几个方面:

(1) 自主选择提供商品或服务的经营者;

(2) 自主选择商品品种或服务方式;

(3) 自主决定购买或不购买任何一种商品,接受或不接受任何一项服务;

(4) 在自主选择商品或服务时享有进行比较、鉴别和挑选的权利。

4. 简述《消费者权益保护法》所规定的经营者的义务。

答:依据我国《消费者权益保护法》,经营者主要负有以下义务:

(1) 履行法律、法规规定的义务。经营者向消费者提供商品,必须履行《产品质量法》和其他有关法律、法规规定的一切义务;经营者和消费者有约定的,应当按照约定履行义务,但双方的约定不得违背法律、法规的规定。

(2) 接受监督的义务。经营者应当听取消费者对其提供的商品或服务的意见,接受消费者的监督。

(3) 保障人身和财产安全的义务。对可能危及人身和财产安全的商品和服务,应当向消费者作出真实的说明和明确的警示,并说明和标明正确使用商品或者接受服务的方法及防止危害发生的方法。

(4) 不作虚假宣传的义务。经营者应当向消费者提供有关商品或者服务的真实信息，不得作引人误解的虚假宣传，否则即构成不正当竞争行为和侵犯消费者权益行为。

(5) 出具相应凭证和单据的义务。经营者提供商品或服务，应当按照国家有关规定或者商业惯例向消费者出具购货凭证或者服务单据。经营者向消费者出具相应的凭证和单据，既能起到对经营者监督的作用，又有利于消费者权益的保护。

(6) 标明真实名称和标记的义务。

(7) 提供符合要求的商品和服务的义务。

(8) 不得从事不公平、不合理的交易的义务。经营者不得以格式合同、通知、声明、店堂告示等方式对消费者作出不公平、不合理的规定，或者减轻、免除其损害消费者合法权益应当承担的民事责任。

(9) 不得侵犯消费者的人身权的义务。经营者不得对消费者进行侮辱、诽谤，不得搜查消费者的身体及其携带的物品，不得以拘禁或其他方式侵犯消费者的人身自由。

5. 简述消法确定承担损害赔偿责任主体方面的规定。

答：根据《消费者权益保护法》的规定，确定承担损害赔偿主体的办法主要有：

(1) 消费者在购买、使用商品时，其合法权益受到损害的，可以向销售者要求赔偿；销售者赔偿后，属于生产者或供货者的责任的，可以向生产者或供货者追偿。

(2) 消费者或者其他人因商品缺陷造成人身、财产损害的，可以向销售者或生产者要求赔偿。

(3) 消费者在接受服务时，其合法权益受到损害的，可以向服务者要求赔偿。

(4) 受害人在原企业变更后，可以向变更后承受其权利义务的企业要求赔偿。

(5) 使用他人营业执照造成损害的，受害人可以向违法经营者或执照的持有人要求赔偿。

(6) 消费者因虚假广告受到损害的，可以向经营者要求赔偿；若广告的经营者不能提供经营者的真实名称、地址的，应承担赔偿责任。

(7) 消费者在展览会、租赁柜台购买商品或者接受服务受到损害的，可以向销售者或服务者要求赔偿；展览会结束后或者柜台租赁期满后，可以向举办者、出租者要求赔偿。

6. 简述消法所规定的侵犯消费者权益的行为所应承担的法律责任及具体责任方式。

答：侵犯消费者权益的行为所应承担的法律责任有：

(1) 民事责任。经营者侵犯消费者权益，承担民事责任的具体方式有：赔偿损失、停止侵害、恢复名誉、消除影响、赔礼道歉、修理、重作更换、退货、补足商品数量、退还货款和服务费用、支付违约金等。

(2) 行政责任。侵犯消费者权益的侵权者应承担的行政责任方式有：改正、警告、没收违法所得、罚款、停业整顿、吊销营业执照等。

(3) 刑事责任。经营者提供商品或服务造成消费者人身伤亡构成犯罪的，应承担刑事责任。以暴力、威胁等方法阻碍有关行政部门工作人员依法执行公务的，依法承担刑事责任。

七、论述题

试述应当承担行政责任的经营者违法行为及其应当承担的法律责任。

答：我国《消费者权益保护法》规定，经营者有下列行为之一的，应当承担行政责任。

(1) 生产、销售的商品不符合保障人身财产安全要求的；

(2) 在商品中掺杂、掺假、以次充好或者以不合格产品冒充合格产品的；

(3) 生产国家明令淘汰的商品或销售失效、变质商品的；

(4) 伪造商品产地，伪造或冒用他人的厂名、厂址，伪造或冒用认证标志、名优标志等质量标志的；

(5) 销售的商品应当检验、检疫，没有检验、检疫的或者伪造检验、检疫结果的；

(6) 对商品或者服务作引人误解的虚假宣传的；

(7) 对消费者提出的修理、重作、更换、退货、补足商品数量、退还货款或者赔偿损失的要求，故意拖延或者无理拒绝的；

(8) 侵害消费者人格尊严或侵犯消费者人身自由的；

(9) 法律、法规规定的对损害消费者权益应当予以处罚的其他情形。

对于上述违法行为，我国《产品质量法》、《广告法》等法律法规对处罚机关和处罚方式有规定的，则依这些法律法规的规定执行。否则，由工商行政管理部门责令改正，并可以根据情节单处或并处警告、没收违法所得、处以违法所得 1 倍以上 5 倍以下罚款，没有违法所得的，处以 1 万元以下的罚款，情节严重的，责令停产整顿，吊销营业执照。

经营者对上述处罚决定不服的，可以自收到处罚决定之日起 15 日内向上一级机关申请复议，对复议决定不服的，可以自收到复议决定书之日起 15 日内向人民法院提起诉讼；也可以直接向人民法院提起诉讼。

八、案例题

案例 1 答：(1)《消费者权益保护法》的适用范围是指：① 消费者为生活消费需要购买、使用商品或接受服务，其权益受《消费者权益保护法》保护；② 经营者为消费者提供其生产、销售的商品或者提供服务，应当遵守该法；③ 对于上述具体情况该法未做规定的，应当适用其他有关法律法规的规定，如适用《反不正当竞争法》、《产品质量法》；④ 农民购买、使用直接用于农业生产的生产资料也应参照该法执行。

(2) 此案中农户所购买的稻种属于直接用于农业生产的生产资料，由消费者协会进行调解处理是正确的。

案例 2 答：(1) 消费者在展销会上购买商品，其合法权益受到侵害时，可以向销售者或服务者要求赔偿。展销会结束或者租赁期满后，也可以向展销会的举办者要求赔偿。据此，在展销会结束后，甲有权向威海县商业局和供销社要求修理、更换、退货。除此之外，甲有权直接向 B 厂提出要求。但由于已经被并入 C，依据《消费者权益保护法》的规定，消费者在购买商品时，其合法权益受到损害的，因原企业分立、合并的，可以向变更后承受其权利义务的企业要求赔偿。因此，可以向 C 提出。

(2) 甲可以通过下列途径解决纠纷：与经营者协商；请求消费者协会调解；向有关行政部门申诉；向仲裁机构申请仲裁；向人民法院起诉。

第四编　宏观调控法律制度

第一章　税收法律制度

本章知识重点提示

- 税收的概念
- 税收的分类
- 税法的调整对象
- 税法的概念及构成要素
- 实体税法的定义及其结构体系
- 增值税的定义、纳税主体、征税对象、范围及税率
- 消费税的定义、纳税主体、征税对象、范围及税率
- 营业税的定义、纳税主体、征税对象、范围及税率
- 企业所得税的纳税主体、征税对象、范围及税率
- 外商投资企业和外国企业所得税的纳税主体、征税对象、税率及有关优惠
- 个人所得税的纳税主体、征税对象、范围及税率
- 财产税的概念
- 行为税的概念
- 税收征收管理法的概念
- 偷税的概念

一、填空题

1. 我国的税务机构分为________和________两套。

2. 国税局是全国税收征管工作的________，是中央税和________的征收机关。

3. 凡在我国境内销售货物或者________，以及________的单位和个

人，都应当缴纳增值税。

4. 纳税人销售或者进口货物，提供加工、修理修配劳务的，增值税税率为 17%，这就是通常所说的________，纳税人销售或进口货物，按低税率计征增值税时，低税率为________。

5. 纳税人出口适用税率为________的货物，向海关办理出口手续后，凭出口报关单等有关凭证，可以按月向税务机关申报办理该项出口货物的________。

6. 营业税的税率分为 3%、5%和________三档，娱乐业是弹性税率，为________。

7. 在中华人民共和国境内生产、________和________应税消费品的单位和个人，为消费税的纳税义务人。

8. 内资企业所得税征收时，纳税人每一纳税年度的________减去________后的余额为应纳税所得额。

9. 个人所得税的稿酬所得适用________税率，并按应纳税额减征________，特许权使用所得、利息、红利等，适用________的税率。

10. 以暴力方法抗税、致人重伤或者死亡的，按照________、________从重处罚，并处以罚金。

11. 根据征税对象的性质和特点的不同，可以将税收划分为流转税、________、________、________和________五大类。

12. 税法的调整对象是________关系和________关系。

13. 我国现行的财产税法规主要有________和________。

14. 私营企业所得税依照________的比例税率计算征收。

15. 营业税的应纳税额等于营业额乘以________。

16. 内资企业所得税征收时，纳税人每一纳税年度的________减去________后的余额为应纳税所得额。

17. 纳税人采取________、________、________、________、________，在账簿上多列支出或不列、少列收入，或者进行虚假的纳税申报等手续，不缴或少缴应纳税款的，是偷税。

二、单项选择题

1. 我国税法规定的纳税主体是（　　）。

A. 税款代缴人　　B. 直接负有纳税义务的人

C. 税款代扣人　　D. 间接负有纳税义务的人

2. 我国增值税法规定对出口产品实行(　　)。

A. 17%税率　　B. 13%税率

C. 4%税率　　D. 零税率

3. 区别不同税种的主要标志是(　　)。

A. 纳税主体　　B. 征税对象

C. 平均税率　　D. 累进税率

4. 下列不属于我国现行税率的是(　　)。

A. 比例税率　　B. 固定税率

C. 平均税率　　D. 累进税率

5. 我国税收征管工作的主管部门是(　　)。

A. 国家税务总局　　B. 地税局

C. 国务院　　D. 财政部

6. 按照基本税率,纳税人销售货物,其增值税税率为(　　)。

A. 6%　　B. 10%

C. 13%　　D. 17%

7. 根据《消费税暂行条例》的规定,进口的应税消费品(　　)。

A. 不纳税　　B. 销售时纳税

C. 移送使用时纳税　　D. 报关进口时纳税

8. 个人的工资薪金所得,适用(　　)的超额累进税率。

A. 5%~20%　　B. 5%~35%

C. 5%~45%　　D. 10%~45%

9. 个体工商户的生产经营所得,适用(　　)的超额累进税率。

A. 5%~20%　　B. 5%~35%

C. 5%~45%　　D. 10%~45%

10. 企业应自领取营业执照之日起(　　)内,持有关证件向税务机关申报办理税务登记。

A. 15 日　　B. 30 日

C. 45 日　　D. 60 日

11. 纳税人超过应纳税额缴纳的税款,纳税人自结算缴纳之日起(　　)内发现的,可以向税务机关要求退还。

A. 1 年　　B. 2 年

C. 3 年　　D. 4 年

12. 下列各税由海关负责征收的是(　　)。

A. 船舶吨税

B. 车船使用牌照税

C. 外商投资企业和外国企业所得税

D. 印花税

13. 下列税收法律中,属于税收程序法的是(　　)。

A.《中华人民共和国个人所得税法》

B.《全国税政实施要则》

C.《中华人民共和国税收征收管理法》

D.《中华人民共和国增值税暂行条例》

14. 某个体工商户全年生产、经营收入为20万元,减去成本、费用及损失10万元,根据我国的有关法律,其余数额应缴纳(　　)。

A. 企业所得税　　B. 营业税

C. 私营企业所得税　　D. 个人所得税

15. 王某利用业余时间搞发明创造,其中一项实用新型发明经申请后被授予专利权,并发给专利证书。对其取得专利证书的行为,根据我国法律的规定应缴纳(　　)。

A. 个人所得税　　B. 印花税

C. 增值税　　D. 企业所得税

16. 现行营业税采用的税率形式是(　　)。

A. 定额税率　　B. 比例税率

C. 超额累进税率　　D. 超率累进税率

17. 纳税人因纳税问题与税务机关发生争议时,应当向(　　)提出税务行政复议。

A. 当地政府　　B. 当地人民法院

C. 上一级税务机关　　D. 原税务机关

18. 若一纳税人的主要业务是提供修理修配劳务,按规定应征收(　　)。

A. 营业税　　B. 增值税

C. 消费税　　D. 人头税

19. 根据我国法律规定,个人的工资、薪金所得适用的税率形式是(　　)。

A. 比例税率　　B. 超额累进税率

C. 定额税率　　D. 超率累进税率

20. 下列命题中，根据我国法律的规定，可以免收个人所得税的是(　　)。

A. 年终的加薪　　B. 出售个人绘画而得之收入

C. 个人保险所获赔付　　D. 储蓄存款利息

三、多项选择题

1. 我国现行税率有(　　)。

A. 比例税率　　B. 累进税率

C. 等值累进税率　　D. 变量累进税率

E. 定额税率

2. 我国现行税制中，属于目的税的有(　　)。

A. 社会保障税　　B. 土地使用税

C. 车船使用税　　D. 城市维护建设税

E. 耕地占用税

3. 下列税种中，属于行为税的有(　　)。

A. 建筑税　　B. 印花税

C. 奖金税　　D. 车船使用税

E. 筵席税

4. 下列税种中，由海关代征的国内税有(　　)。

A. 增值税　　B. 营业税

C. 关税　　D. 消费税

E. 个人所得税

5. 税法的基本结构包括(　　)。

A. 征税对象和税目　　B. 纳税义务人

C. 纳税环节和纳税期限　　D. 附加和加成

E. 违章处理

6. 根据《增值税暂行条例》的规定，凡在中华人民共和国境内(　　)的单位和个人，都是增值税的纳税义务人。

A. 销售货物　　B. 进口货物

C. 提供加工劳动　　D. 生产进出口货物

E. 提供修理修配劳务

7. 根据中性和简便原则，增值税率尽量简化，设(　　)三档。

A. 基本税率　　B. 比例税率

C. 低税率　　D. 累进税率

E. 零税率

8. 纳税人有(　　)情况的,应缴纳营业税。

A. 销售有形动产　　B. 销售不动产

C. 转让无形财产　　D. 提供加工、修理修配劳务

E. 提供其他应税劳务

9. 内资企业所得税的纳税义务人是指我国境内的所有(　　)以及有生产、经营所得和其他所得的其他组织。

A. 国有企业　　B. 集体企业

C. 私营企业　　D. 联营企业

E. 股份制企业

10. 内资企业所得税的纳税人应纳税年度的收入总额包括(　　)。

A. 生产经营收入　　B. 财产转让收入

C. 利息、租赁、股息收入　　D. 特许权使用收入

E. 其他收入

11. 企业所得税中,准予扣除的项目包括(　　)。

A. 购买固定资产的支出

B. 与取得收入有关的成本

C. 费用和损失

D. 购买无形资产的支出

E. 用于职工福利的支出

12. 个人所得税的征税范围包括(　　)。

A. 工资、薪金所得　　B. 保险赔款

C. 储蓄存款利息　　D. 财产转让所得

E. 稿酬所得

13. 根据我国《个人所得税法》的规定,下列各项个人所得,免纳个人所得税的有(　　)。

A. 纳税人所在企业颁发的奖金

B. 利息、股息

C. 军人的转业费、复员费

D. 福利费、抚恤金、救济金

E. 按照国家统一规定发给的补贴、津贴

四、判断题

1. 增值税的纳税主体是在我国境内销售货物或者提供各种劳务以及进口货物的单位和个人。（　　）

2. 在中华人民共和国境内提供劳务缴纳增值税，转让无形资产或者销售不动产缴纳营业税。（　　）

3. 企业所得税的纳税主体是在中国境内实行独立经济核算的内资企业、其他经济组织和外资企业。（　）

4. 外商投资企业是中国企业，所以其在中国境内的所得都要向中国政府缴纳所得税。（　　）

5. 在中国境内有住所，或者无住所而在境内居住满1年的个人，从中国境内和境外取得的所得；在中国境内无住所又不居住，或无住所而在境内居住不满1年的个人，从中国境内取得的所得，均应依法缴纳个人所得税。（　　）

6. 军人的转业费、复员费免交个人所得税。（　　）

五、名词解释

1. 增值税
2. 消费税
3. 营业税

六、简答题

1. 税收与税法的关系。
2. 税法的构成要素。

七、计算题

1. 某旅游公司组织100人去承德避暑山庄旅游，每人收取旅游费800元。旅游中由公司支付每人房费140元，餐费160元，交通费130元，门票等费用70元。请计算某公司这次旅游应缴纳的营业税税额（税率设为5%）。

2. 某饮料厂当月销售汽水等饮料，实现销售额70万元，当月从一般纳税人手中购入白糖、柠檬酸等原材料购货金额为15万元。当月该厂还为职工食堂购进一台大冰柜，取得增值税专用发票上注明的税额是4 800元，为食堂购桌椅，取得专用发票上注明的税额是1 360元。请计算该厂当月应纳增值税额（税率为基本税率）。

参考答案

一、填空题

1. 国税局　地税局　2. 主管部门　共享税　3. 提供加工　修理修配劳务　4. 基本税率　13%　5. 零　退税　6. 20%　5%～20%　7. 委托加工　进口　8. 收入总额　准予扣除项目　9. 20%　30%　20%　10. 伤害罪　杀人罪　11. 所得税　财产税　行为税　资源税　12. 税收分配　征纳程序　13. 房产税暂行条例　契税暂行条例　14. 33%　15. 税率　16. 收入总额　准予扣除项目　17. 伪造　变造　隐匿　擅自销毁账簿

二、单项选择题

1. B　2. D　3. B　4. C　5. A　6. D　7. D　8. C　9. B　10. B　11. C　12. A　13. C　14. D　15. B　16. B　17. C　18. B　19. B　20. C

三、多选题

1. ABE　2. DE　3. BDE　4. AD　5. ABCE　6. ABCE　7. ACE　8. BCE　9. ABCDE　10. ABCDE　11. BC　12. ACDE　13. CDE

四、判断题

1. 错误　2. 错误　3. 错误　4. 正确　5. 正确　6. 正确

五、名词解释

1. 增值税：是指以商品生产流通和劳务服务各个环节的增值额为征税对象的一种税。

2. 消费税：是指以应税消费品的流转额为征税对象的一种税。

3. 营业税：是指以工商营利单位和个人商品销售收入额、提供劳务发生的营业额为征税对象的一种税。

六、简答题

1. 税收与税法的关系。

答：税收是国家为了实现其职能，凭借政治上的权力，按照法律规定的标准，对社会组织和个人强制地、无偿地取得财政收入所发生的一种特殊分配活动。税收不仅是国家取得财政收入的一种主要手段，而且是国家调控经济生活的重要经济杠杆。

税法是国家制定的调整在税收过程中发生的社会关系的法律规范的总称，是国家向社会组织和个人征税的法律依据。税收活动必须以税法为依据。

税收和税法的关系密不可分。任何一种税收都以一定的法律形式表现出来，并借助于法律的约束力保证其实现。二者之间是一种经济现象所体现出的内容与形式的关系。税收作为社会经济关系是税法的实质内容，税法作为特殊的行为规范，是税收的法律形式。

2. 税法的构成要素。

答：税法的构成是税收法律规范的内部构成。税法的构成要素一般包括以下几个方面：

(1) 纳税主体。纳税主体又称为课税主体，即纳税义务人，它指的是税法规定的直接负有纳税义务的单位和个人。法人、非法人的社会组织和个人都是我国税法的纳税义务人。

(2) 征税客体。征税客体又称为课税对象，是指税法规定的征税标的，具体指明国家对什么东西征税。作为税法的客体，必须是明确具体的。

(3) 税率。税率是指征税客体数额与应纳税额之间的比例。我国现行的税率分别为比例税率、累进税率和定额税率等。

(4) 纳税环节。纳税环节是指在商业生产的流转过程中应当缴纳税款的环节。

(5) 纳税期限。纳税期限是指纳税单位和个人缴纳税款的期限。纳税人必须按纳税期限缴纳税款。

(6) 加成征税、减税和免税。这是根据国家政策对某些纳税人给予鼓励、照顾或限制的一种特殊措施。加成征税是按该税的基本税率确定纳税人的税款之后，另外加征的税款。减税则是对应纳税款数额少征一部分税额。免税则是将应缴纳税额全部免除。

七、计算题

1. 应缴纳营业税税额＝(800－140－160－130－70)×100×5%＝1 500元

2. (70－15)×17%＝9.35 万元

第二章　会计法律制度

本章知识重点提示

- 会计活动和会计关系的定义
- 《会计法》的适用范围
- 会计原则的内容
- 会计机构的设置
- 会计人员的职责
- 会计人员的资格
- 会计核算的内容及程序
- 会计核算的特别规定

一、单项选择题

1. 我国《会计法》的适用范围是设立在中华人民共和国境内的(　　)。

A. 所有企业　　B. 国有企业

C. 私营企业　　D. 外商投资企业

2. 根据我国《会计法》的规定,国家统一制定会计制度的部门是(　　)。

A. 国务院　　B. 国务院业务主管部门

C. 国务院财政部门　　D. 省级人民政府财政部门

3. 我国《会计法》规定,从事会计工作的人员必须具有(　　)。

A. 大学本科学历　　B. 会计从业资格证书

C. 会计师以上专业技术职务资格　　D. 从事会计工作5年以上经历

4. 单位内部会计监督的主体是(　　)。

A. 财政、审计、税务机关　　B. 注册会计师及会计师事务所

C. 本单位的会计机构和会计人员　　D. 本单位的内部审计机构和人员

5. 就其职务而言,总会计师属于(　　)。

A. 单位行政领导人员　　B. 会计机构负责人

C. 会计主管人员　　D. 会计专业技术人员

6. 会计年度的起始时间为(　　)。

A. 公历1月1日　　B. 公历2月1日

C. 公历3月1日　　D. 公历4月1日

7. 因违法违纪行为被吊销会计从业资格证书的人员，自被吊销会计从业资格证书之日起(　　)年内，不得重新取得会计从业资格证书。

A. 1　　B. 3

C. 5　　D. 7

8. 会计师事务所违反注册会计师法规，给委托人、其他利害关系人造成损失的，应当依法承担以下民事责任(　　)。

A. 会计师事务所就全部债务与债务人承担连带赔偿责任

B. 会计师事务所就全部债务承担补充赔偿责任

C. 会计师事务所在其证明金额的范围内与债务人承担连带赔偿责任

D. 会计师事务所在其证明金额的范围内承担补充的赔偿责任

二、多项选择题

1. 根据《会计法》的规定，会计的基本工作任务是(　　)。

A. 会计核算　　B. 会计监督

C. 会计审查　　D. 制作会计报表

2. 会计的基本原则包括(　　)。

A. 合法性原则　　B. 独立性原则

C. 统一性原则　　D. 单位负责人负责原则

E. 统一领导、分级管理的原则

3. 以下(　　)必须设置总会计师。

A. 国有大、中型企业

B. 国有资产占控股地位的大、中型企业

C. 国有资产占主导地位的大、中型企业

D. 国家重点扶持的大、中型企业

E. 集体企业

4. 根据《会计法》的规定，单位领导人对会计工作的领导责任包括(　　)。

A. 领导会计机构、会计人员和其他人员执行会计法

B. 保障会计人员的职务不受侵犯

C. 保证会计资料合法、真实、准确、完整

E. 支持会计人员依法行使职权

5. 根据《会计法》规定，会计档案是指会计核算方面的专业资料，通常应当包括（　　）。

A. 会计凭证　　B. 会计账簿

C. 会计报表　　D. 会计制度

E. 会计从业证书

6. 我国《会计法》规定，对外报送的会计报表必须要由单位有关负责人签名或者盖章，下列人员中，应当在会计报表上签名或者盖章的有关负责人有（　　）。

A. 单位负责人　　B. 单位内部审计负责人

C. 总会计师　　D. 会计主管人员

E. 项目会计

三、判断题

1. 会计档案的保管期限和销毁办法可以由各单位视具体情况自行制定。（　　）

2. 会计人员调动工作或者离职，可以与接管人员办清交接手续。（　　）

3. 会计工作岗位可以一人一岗、一人多岗或一岗多人；出纳人员可以兼任登记账目工作。（　　）

4. 各单位必须根据实际发生的经济业务事项进行会计核算。（　　）

5. 各单位可以根据会计业务的需要决定是否单独设置会计机构。（　　）

6. 对本单位的会计工作和会计资料的真实性、完整性负责的单位负责人是会计机构的负责人。（　　）

四、名词解释

1. 会计

2. 会计关系

五、简答题

1. 简述会计机构的设置及会计人员的配备方式。

2. 简述会计人员的任职资格。

六、论述题

试述我国的会计监督制度。

参 考 答 案

一、单项选择题

1. A　2. B　3. B　4. C　5. A　6. A　7. C　8. D

二、多项选择题

1. A B　2. A C D E　3. A B C　4. A B C D　5. A B C　6. A C D

三、判断题

1. 错误　2. 错误　3. 错误　4. 正确　5. 正确　6. 正确

四、名词解释

1. 会计：是以货币计量作为统一尺度，根据凭证，按照规定的程序，对各企业、各单位的经济活动和财务开支，全面地、系统地、真实地、准确地进行记录、计算、分析、检查和监督的一种活动，它是管理和监督经济的一种重要活动。

2. 会计关系：是指国家在管理会计工作过程中和会计机构、会计人员在办理会计事务过程中所发生的经济关系。

五、简答题

1. 简述会计机构的设置及会计人员的配备方式。

答：《会计法》对会计机构的设置及会计人员的配备方式规定了一些基本的要求：

(1) 各单位应当根据会计业务的需要设置会计机构，或者在有关机构中设置会计人员并指定会计主管人员，不具备条件的，可以委托经批准设立从事会计代理记账业务的中介机构代理记账；

(2) 国有的和国有资产占控股地位或者主导地位的大、中型企业必须设置总会计师。总会计师的任职资格、任免程序、职责权限由国务院规定；

(3) 会计机构内部应当建立稽核制度，出纳人员不得兼管稽核、会计档案的保管和收入、支出、费用、债权债务账目的登记工作。

2. 简述会计人员的任职资格。

答：关于会计人员的任职资格，我国《会计法》规定如下：

(1) 从事会计工作的人员，必须取得会计从业资格证书。担任单位会计机构负责人(会计主管人员)的，除取得会计从业资格证书以外，还应当具备会计师以上专业技术职务资格或从事会计工作3年以上经历。

(2) 因有提供虚假财务会计报告，做假账，隐匿或者故意销毁会计凭证、会计账簿、财务会计报告，贪污、挪用公款，职务侵占等与会计职务有关的违法行为被依法追究刑事责任的人员，不得取得或重新取得会计从业资格证书。因违法违纪行为被吊销会计从业资格证书的人员，自被吊销会计从业资格证书之日起5年内不得重新取得会计从业资格证书。

(3) 会计人员应当遵守职业道德，提高业务素质。

六、论述题

试述我国的会计监督制度。

答：会计监督是指会计机构和会计人员依照法律的规定，通过会计手续对经济活动的合法性、合理性和有效性进行的一种监督。我国的会计监督制度由单位内部会计监督、社会监督、政府监督三方面构成。

1. 单位内部会计监督

单位内部会计监督制度应当符合下列要求：

(1) 记账人员与经济业务事项和会计事项的审批人员、经办人员、财物保管人员的职责权限应当明确，并相互分离、相互制约；

(2) 重大对外投资、资产处置、资金调度和其他重要经济业务事项的决策和执行的相互监督、相互制约程序应当明确；

(3) 财产清查的范围、期限和组织程序应当明确；

(4) 对会计资料定期进行内容审计的办法和程序应当明确。单位负责人应当保证会计机构、会计人员依法履行职责，不得授意、指使、强令会计机构、会计人员违法办理会计事项。会计机构、会计人员对违反会计法和国家统一的会计制度的规定的会计事项，有权拒绝办理或按照职权予以纠正。

会计机构、会计人员发现会计账簿记录与实物、款项及有关资料不相符的，按照国家统一的会计制度的规定有权自行处理的，应当及时处理；无权处理的，应当立即向单位负责人报告，请求查明原因，作出处理。

2. 社会监督

任何单位和个人对违反会计法和国家统一的会计制度规定的行为，有权检举。收到检举的部门有权处理的，应当依法按照职责分工及时处理；无权处理的，应当及时移送有权处理部门处理。收到检举的部门、负责处理的部门应当为检举人保密，不得将检举人姓名和检举材料转给被检举单位和被检举个人。

有关法律、行政法规规定，须经注册会计师进行审计的单位，应当向受委托的会计师事务所如实提供会计凭证、会计账簿、财务会计报告和其他会计资料以及有关情况。任何单位或个人不得以任何方式要求或者示意注册会计师及其所在的会计师事务所出具不实或不当的审计报告。

财政部门有权对会计师事务所出具的审计报告的程序和内容进行监督。

3. 政府监督

《会计法》规定，政府财政部门有权对各单位以下情况进行监督：

(1) 是否依法设置会计账簿；

(2) 会计凭证、会计账簿、财务会计报告和其他会计资料是否真实、完整；

(3) 会计核算是否符合会计法和国家统一的会计制度的规定；

(4) 从事会计工作的人员是否具备从业资格。

总之，《会计法》不仅规定了会计监督工作是各单位的会计机构和会计人员的职责，而且还规定了各单位的行政领导人、上级主管单位的行政领导人以及财政、审计、税务等机关和注册会计师事务所对会计监督工作同样要承担责任。这样就使会计监督成为这些单位和人员人人有责的一项任务，组成了一个从内到外，从上到下严密的会计监督网，保证会计监督工作的贯彻执行，发挥会计工作在社会主义建设中应有的作用。

第三章　审计法律制度

本章知识重点提示

- 审计的概念及特征
- 审计活动应遵循的原则
- 审计机关的性质及职责
- 审计机关的设置及权限

一、不定项选择题

1. 审计活动应当遵循的原则有(　　　　)。

A. 合法性原则　　B. 独立性原则

C. 客观公正原则　　D. 统一性原则

E. 建设性原则

2. 根据《审计法》的规定，以下(　　　　)应当接受审计。

A. 国务院各部门和地方各级人民政府及其各部门的财政收支

B. 国有的金融机构和企业、事业组织的财务收支

C. 合资、独资、民营机构组织的财务收支

D. 其他依照审计法规定应当接受审计的财政收支、财务收支

3. 根据审计机关工作需要，可以在其审计管辖的范围内设立(　　　　)。

A. 派出机构　　B. 分支机构

C. 审计特派员　　D. 审计专门人员

E. 审计师

4. 审计具有以下职能：(　　　　)。

A. 财政监督职能　　B. 经济监察职能

C. 经营管理职能　　D. 保护公共财产职能

E. 经济公证职能

5. 被审计单位对审计机关作出的有关财务收支的审计决定不服的，可以采取以下哪些救济措施？(　　)

A. 可以依法申请行政复议

B. 可以提起行政诉讼

C. 必须先提起行政复议，才能提起行政诉讼

D. 可以提请审计机关的本级人民政府裁决，本级人民政府的裁决为最终决定

6. 根据2006年新修订的《中华人民共和国审计法》，下列说法正确的是(　　)。

A. 必要时，人民代表大会常务委员会可以对审计工作报告作出决议

B. 审计机关根据工作需要，可以在其审计管辖范围内设立派出机构，无须报请本级人民政府批准

C. 地方各级审计机关负责人的任免，应当事先征求上一级审计机关的意见

D. 审计机关经县级以上人民政府审计机关负责人批准，有权查询被审计单位在金融机构的账户

7. 审计机关根据被审计单位的财政、财务隶属关系确定审计管辖范围，不能根据前述关系确定审计管辖范围的，应根据(　　)确定审计管辖范围。

A. 被审计单位的所有制性质　　B. 国有资产监督管理关系

C. 被审计单位的行政隶属关系　　D. 被审计单位的规模

二、判断题

1. 审计机关根据被审计单位的财政、财务隶属关系或者国有资产监督管理关系确定审计管辖范围。(　　)

2. 审计机关是代表国家执行审计监督职能的国家行政机关。(　　)

3. 上级审计机关对下级审计机关审计管辖范围内的重大审计事项可以重复审计。(　　)

三、名词解释

审计

四、简答题

1. 简述审计机关的权限。

2. 简述审计的特征。

参 考 答 案

一、不定项选择题

1. A B C E　2. A B D　3. A C　4. A B C D E　5. A B　6. A C D　7. B

二、判断题

1. 正确　2. 正确　3. 错误

三、名词解释

审计：是指审计机关和审计人员依照法律的规定，对政府及其各部门的财政收支、国有金融机构和企业事业单位以及其他依照审计法规定应当接受审计的财政收支、财务收支和经济活动的真实、合法、效益，进行全面审查，并将审查结果向国家有关机关报告的一系列活动的总称。

四、简答题

1. 简述审计机关的权限。

为了保证审计机关能够顺利地履行其职责，《审计法》规定了审计机关的主要权限：

(1) 审计机关有权要求被审计单位按照规定报送预算或者财务收支计划、预算执行情况、决算、财务报告，社会审计机构出具的审计报告，以及其他与财政收支或者财务收支有关的资料，被审计单位不得拒绝、拖延、谎报。

(2) 审计机关进行审计时，有权检查被审计单位的会计凭证、会计账簿、会计报表以及其他与财政收支或者财务收支有关的资料和资产，被审计单位不得拒绝。

(3) 审计机关进行审计时，有权就审计事项的有关问题向有关单位和个人进行调查，并取得有关证明材料。有关单位和个人应当支持、协助审计机关工作，如实向审计机关反映情况，提供有关证明材料。

(4) 审计机关进行审计时，被审计单位不得转移、隐匿、篡改、毁弃会计凭证、会计账簿、会计报表及其他与财政收支或者财务收支有关的资料，不得转移、隐匿所持有的违反国家规定取得的资产。

(5) 审计机关认为被审计单位执行的上级主管部门有关财政收支、财务收支的规定与法律、行政法规相抵触的，应当建议有关主管部门纠正；有关主管部门不予纠正的，审计机关应当提请有权处理的机关依法处理。

(6) 审计机关可以向政府有关部门通报或者向社会公布审计结果，但应当依法保守国家秘密和被审计单位的商业秘密，遵守国务院的有关规定。

2. 简述审计的特征。

答：审计具有以下特征：

(1) 既是经济监督的一种形式，又是经济监督的一种方法；

(2) 审计必须由会计人员以外的第三者依法站在公正的立场上进行；

(3) 审计的对象是会计，包括会计资料以及与会计有关的经营管理制度和会计所反映的经济活动情况；

(4) 审计对各单位经济活动的监督是间接的，必须通过对会计活动所提供的一切会计资料的审查来进行；

(5) 审计是为了严肃财经法纪，提高经济效益，加强宏观控制和管理；

(6) 审计具有多种职能。如财政监督、经济监察、经营管理、经济公证和保护公共财产等职能。

第四章　环境保护法律制度

本章知识重点提示

- 环境及环境问题的概念
- 环境保护及环境保护法的概念
- 环境保护法的基本原则
- 环境保护基本制度
- 环境污染的特点

一、填空题

1. 环境可分为自然环境和________，也可以分为生态环境和________。

2. 人口、资源、________、________和________问题是当今世界五大问题。

3. 当今世界“三大公害”是________、________和________。

4. 环境评价可分为________评价和________评价。

5. 排污收费制度是实施________原则的一项具体制度。

6. 因环境污染损害赔偿提起诉讼的时效期为________，从当事人知道或应当知道受到污染损害时起计算。

7. 违反环境保护法的法律责任中，对中央直管单位的停业、关闭处分须________。

8. 环境影响评价制度是实现________、________原则，保护环境，防治污染的一项重要的环境保护制度，也是基本建设的一项重要制度。

二、单项选择题

1. 环境政策的目标和制订污染物排放标准的依据是(　　)。

A. 环境质量标准　　B. 污染物排放标准

C. 环保基础标准　　D. 环保方法标准

2. 1982年2月5日国务院发布的《征收排污费暂行办法》规定，对征费后仍未达到排放标准的排污单位,从征费的第三年起,每年提高征收标准(　　)。

A. 1%　　B. 3%

C. 5%　　D. 10%

3. 被称为“新型毒药”的环境污染是指(　　)。

A. 大气污染　　B. 水污染

C. 噪声污染　　D. 生活污染

4. 因环境污染损害赔偿提起的诉讼的时效期为(　　)。

A. 1年　　B. 2年

C. 3年　　D. 4年

5. 甲化工厂是生产油漆的专业厂家,其生产的油漆有五大类100多个品种。为了扩大生产经营,增加产品品种,建设了一些新的生产线,生产符合国际环保标准的油漆。2000年8月3日,天降暴雨,并伴有雷电现象出现,甲化工厂的原料储存罐被雷电击中,造成化工厂原料泄漏,化工原料随着雨水部分流入本公司的沉淀池,部分渗入地下造成水质被污染。该事件发生之后,由于天气状况极差,加之原料极易挥发,抢救工作没有很大的效果。在报告了环保行政主管部门后,被认定是意外事故。此外,化工厂的原料储存罐的设计完全符合国家要求。根据《中华人民共和国环境保护法》的规定,甲工厂在诉讼中是否应承担赔偿的责任?(　　)

A. 承担,因为已经造成了损害

B. 不承担,因为是不可抗力造成的

C. 承担,因为甲工厂抢救措施不力

D. 不承担,因为该污染事件是不可抗力造成的,且甲工厂已经及时采取了抢救措施

三、多项选择题

1. 环境保护措施和工作环节包括(　　　)。

A. 预防和治理　　B. 组织和协调

C. 监测和监督　　D. 宣传和教育

E. 理论研究

2. “三同时制度”是环境保护和基本建设共同进行的一项基本制度,它是指一切建设项目的防治污染的设施必须与主体工程(　　　)。

A. 同时设计

B. 同时施工

C. 同时立项

D. 同时投产使用

E. 同时验收

3. 我国现阶段的环境标准体系由四类、两级环境标准所构成，其中的四类标准是(　　　　)。

A. 环境质量标准

B. 污染物排放标准

C. 噪声污染标准

D. 环保基础标准

E. 环保方法标准

4. 环境污染具有以下特点(　　　　)。

A. 公害性

B. 潜伏性

C. 长久性

D. 复杂性

E. 代价高

5. 在保护农业环境的防治土壤恶化的环节中，防治土壤恶化包括防止(　　　　)。

A. 土壤污染

B. 土地沙化

C. 土壤盐渍化

D. 土壤贫瘠化

E. 土壤沼泽化

6. 我国已经制定的环境质量标准包括(　　　　)。

A. 《大气环境质量标准》

B. 《海水水质标准》

C. 《地面环境质量标准》

D. 《城市区域环境噪音标准》

E. 《地下水环境质量标准》

7. 我国现阶段环境标准体系中的两级标准存在于(　　　　)。

A. 环境质量标准

B. 污染物排放标准

C. 环保方法标准

D. 环保基础标准

E. 大气污染标准

8. 污染的发生源包括(　　　　)。

A. 工业污染源

B. 农业污染源

C. 水污染源

D. 生活污染源

E. 效能运输污染源

9. 我国的《环境法》所指的环境包括(　　　　)等。

A. 大气和水

B. 海洋和土地

C. 矿藏和森林

D. 草原和野生生物

E. 城市和乡村

10. 下列有关环境质量标准的说法，不正确的是？（　　　　）

A. 环境质量标准包括国家环境标准和各级地方政府制定的地方环境标准

B. 对国家污染物排放标准中已作规定的项目，不得制定地方标准

C. 凡是向已有地方污染物排放标准的区域排污的，应当执行该地方标准

D. 地方污染物排放标准必须报国务院环境保护行政主管部门批准

四、名词解释

1. 环境
2. 环境保护
3. 环境监测

五、简答题

1. 简述我国《环境保护法》的基本原则。
2. 简述我国环境法律体系的构成。
3. 简述我国《环境保护法》中关于保护农业环境的规定。

六、论述题

试述我国环境保护基本制度。

参 考 答 案

一、填空题

1. 人工环境　生活环境　　2. 能源　粮食　环境　　3. 大气污染　水污染　生活污染　　4. 现状　预　　5. 谁污染谁治理　　6. 3 年　7. 报国务院批准　　8. 防治结合　预防为主

二、单项选择题

1. A　　2. C　　3. C　　4. C　　5. D

三、多项选择题

1. A B C D E　　2. A B D　　3. A B D E　　4. A B C D E

5. A B C D E　　6. A B C D　　7. A B　　8. A B D E　　9. A B C D E
10. A B D

四、名词解释

1. 环境：是指影响人类生存和发展的各种天然的和经过人工改造的自然因素的总体，是以人类为基本主体，以人类活动为中心的物质空间以及由各种直接或间接地影响人类生存发展的各种自然因素所组成的总体。

2. 环境保护：是指人们(政府、组织和个人)根据生态平衡等客观规律的要求，自觉地采用各种手段、措施、保护自然环境和自然资源、预防和治理污染和公害，以造就一个适宜人类生存、发展、繁衍的物质世界而进行的一系列活动的总称。

3. 环境监测：是指根据保护环境和保障人体健康的需要，运用物理、化学、生物等科学技术手段和方法，对环境中的各种要素、环境质量的各种代表值，进行测定、分析、综合、评价、判断等一系列活动的总称。

五、简答题

1. 简述我国《环境保护法》的基本原则。

答：我国环境保护法的基本原则有：

(1) 环境保护工作同经济建设和社会发展相协调的原则；

(2) 防治结合，以防为主的原则；

(3) 谁污染谁治理的原则；

(4) 环境法制原则。

2. 简述我国环境法律体系的构成。

答：我国的环境法律体系由三个层次构成：

(1) 环境保护的基本法为第一级；

(2) 按环境保护对象或防治对象分类制定的单行环境法规，如各种自然资源保护法、各种污染防治法、各种环境标准等为第二级；

(3) 为实施前述环境法律、法规而由各地区、各部门制定的条例、细则、办法、决定等为第三级。

另外，由于环境保护的国际化，我国参加签订或承认的有关国际环境保护条约、协定等也是我国环境法律体系的重要组成部分。

3. 简述我国《环境保护法》中关于保护农业环境的规定。

答：保护农业环境应从以下方面入手：

(1) 防治土壤恶化。包括防治土壤污染、土地沙化、盐渍化、贫瘠化、沼泽化；

(2) 防治地面沉降、植被破坏、水土流失和水源枯竭；

(3) 防治种源灭绝以及其他生态失调；

(4) 推广植物病虫害的综合防治，减少使用化肥、农药等。

六、论述题

试述我国环境保护基本制度。

答：我国环境保护的基本制度的构成如下：

(1) 环境影响评价制度。该制度是实现防治结合、预防为主原则，保护环境，防治污染的一项重要环境保护制度，也是基本建设的一项重要制度。它对可能发生的环境问题提出预先的评估和防治措施，为建设项目地区开发的方向、规模等提供科学的依据，也为国家对环境、对基本建设的管理和监督提供实际的根据。

(2) "三同时"制度。该制度要求一切建设项目的防治污染设施必须与主体工程同时设计、同时施工、同时投产使用。防治污染设施经原审批环境影响报告书的环境保护主管部门验收合格后，该建设项目方可投入生产或使用。

(3) 排污收费制度。该制度是实施"谁污染谁治理"原则的一项具体制度，它规定对超过排放标准的排污单位一律征收排污费。征费后仍未达到排放标准的排污单位，从开征排污费的第三年起，每年提高征收标准 5%。新建、扩建、改建的工程项目和挖潜、革新、改造的工程项目排污超过标准的，以及有污染物处理设施而不运行或擅自拆除，排放污染物又超过标准的，应加倍收费。

(4) 环境标准制度。该制度对大气、水、土壤等环境质量、对污染源、监测方法以及其他需要所制定的标准。我国现阶段环境标准体系由四类、两级环境标准所构成。四类标准是：

第一，环境质量标准。它是为了保护人民健康、社会物质财富和维持生态平衡，对有害物质或因素所作的规定。我国现已制定的有《大气环境质量标准》、《海水水质标准》、《地面水环境质量标准》和《城市区域环境噪音标准》等。

第二，污染物排放标准。它是为了实现环境质量标准目标，综合技术、经济条件和环境特点，对排入环境的污染物或有害因素所做的控制规定。

第三，环保基础标准。它是指在环境保护工作范围内，对全国统一的有指导意义的名词、术语、符号、指南、导则等所做的规定。

第四，环保方法标准。它是指在环境保护工作范围内，对全国普遍适用的抽样、分析、试验、统计、作业等各种方法为对象而制定的标准。

此外，我国所制定的两级环境标准包括国家环境标准和地方环境标准。两级标准只存在于环境质量标准和污染物排放标准。

（5）环境监测制度。它是指根据保护环境和保障人体健康的需要，运用物理、化学、生物等科学技术手段和方法，对环境中的各种要素、环境质量的各种代表值，进行测定、分析、综合、评价、判断等一系列活动的总称。国务院环境保护行政主管部门负责建立监测制度，制定监测规范，会同有关部门组织监测网络，加强环境监测的管理。

第五章　自然资源法律制度

本章知识重点提示

- 自然资源的概念及自然资源法的调整对象
- 土地管理法的概念及其调整对象
- 土地用途管制制度及土地利用总体规划的概念
- 水法的概念和水资源所有权
- 我国水资源保护的原则及水资源规划
- 矿产资源及矿产资源法的概念
- 矿产资源的权属
- 森林资源法的概念及森林资源的范围
- 森林年采伐限额及采伐许可证制度
- 渔业资源法的概念
- 我国关于捕捞业的法律规定

一、填空题

1. 自然资源按其生成状态可以分为________资源和________资源。

2. 根据自然资源法调整的对象范围,自然资源法包括土地管理法、森林法、草原法、水资源法、________和________等。

3. 土地利用总体规划规定土地用途时将土地分为________、________和未利用地。

4. 国家保护土地的所有权和使用权。国有土地和集体所有的土地的________权可以依法转让。

5. 我国《森林法》规定,全民所有制单位之间、集体所有制单位之间,全民与集体所有制单位之间发生的林木、林地所有权和使用权争议,由________处理。

6. 森林资源属于________所有,由法律规定属于________所有的除外。

7. 开采矿产资源的主体是________。

8. 中华人民共和国境内的矿产资源均属于________所有。

9. 我国煤炭资源属于国家所有，其所有权不可转让，但煤炭的________权和________权可以依照一定法律程序转让给国营、集体企业或个体户。

10. 根据法律规定，我国对外合作开采海洋石油资源的主管部门是________。

二、单项选择题

1. 下列土地属于国家所有的是(　　)。

A. 农村和城市郊区的土地　　B. 城市市区的土地

C. 宅基地　　D. 自留地

2. 我国对石油、天然气资源实行有偿开采，采矿权人按石油、天然气销售收入的(　　)向国家缴纳矿产资源补偿费。

A. 1%　　B. 3%

C. 20%　　D. 35%

3. (　　)是节约和合理利用资源、防止资源浪费、避免环境污染和生态破坏的根本途径。

A. 开源节流　　B. 多目标开发

C. 资源综合利用　　D. 因时因地制宜

4.《土地管理法》规定，国家保护耕地，严格控制耕地转为非耕地，国家实行(　　)制度。

A. 缴纳耕地开垦费制度　　B. 占用耕地许可证制度

C. 占用耕地审批制度　　D. 占用耕地补偿制度

5. 根据我国《森林法》的规定，国家和集体所有的森林、林木和林地，个人所有的林木和林地由(　　)登记造册，发放证书，确认所有权或使用权。

A. 乡级以上地方人民政府　　B. 县级以上地方人民政府

C. 市级以上地方人民政府　　D. 省级上以地方人民政府

三、多项选择题

1. (　　　　)属于不可再生资源。

A. 太阳能　　B. 铁

C. 土地

D. 石油

E. 煤

2. 自然资源法是一个综合性的概念，主要包括了(　　)等方面的法律、行政法规和地方规章。

A. 土地资源

B. 水资源

C. 矿产资源

D. 森林资源

E. 野生动植物资源

3. 自然资源使用权转让的限制主要体现在以下(　　)方面。

A. 转让方式的限制

B. 转让费用的限制

C. 转让期限的限制

D. 资源用途的限制

E. 转让主体的限制

4. 下列权利中属于自然资源专项权益的有(　　)。

A. 采伐权

B. 养殖权

C. 滩涂使用权

D. 取消权

E. 相邻权

5. 森林按其不同的经济效益可分为(　　)。

A. 防护林

B. 用材林

C. 经济林

D. 薪炭林

E. 特种用途林

6. 我国土地所有权的特征有(　　)。

A. 所有权人只限于国家或者农民集体经济组织

B. 土地所有权和使用权一般是分离的

C. 所有权的行使、所有权的分离要受国有的计划管理和行政监督

D. 严禁土地所有权的买卖和商品性流转

E. 土地所有权可以自由买卖

7. 国有土地使用权的取得方式有(　　)。

A. 有偿转让取得

B. 划拨取得

C. 开发取得

D. 承包取得

E. 自由取得

8. 我国实行土地用途管制的目的是(　　)，基础是(　　)，依据是(　　)。

A. 土地按用途分类

B. 土地利用总体规划

C. 保护农用地

D. 农用地转为建设用地必须进行审批

E. 土地资源不可再生

9. 我国《土地管理法》规定：集体所有的土地、全民所有制单位或集体所有制单位使用的土地可以由集体或个人承包经营，从事(　　　)生产。

A. 农业生产　　B. 林业生产

C. 牧业生产　　D. 副业生产

E. 渔业生产

四、名词解释

1. 自然资源
3. 土地使用权
4. 土地用途管制制度
5. 土地利用总体规划
6. 森林年采伐限额
7. 采伐许可证制度
8. 能源

参考答案

一、填空题

1. 再生　非再生　2. 矿产资源法　野生动植物资源保护法　3. 农用地、建设用地　4. 使用　5. 县级人民政府　6. 国家　集体　7. 国营矿山企业　8. 国家　9. 探矿　采矿　10. 能源部

二、单项选择题

1. B　2. A　3. C　4. D　5. D

三、多项选择题

1. DBE　2. ABCDE　3. ACD　4. ABD　5. ABCDE　6. ABCD　7. ABCD　8. CAB　9. ABCE

四、名词解释

1. 自然资源：是指在一定的技术经济条件下，自然界中对人类有用的一切物质和能量。

3. 土地使用权：是指土地使用人依照法律的规定，对占有的土地进行合理利用的权利。

4. 土地用途管制制度：是指国家为了保证土地资源的合理利用，促使经济、社会、环境的协调发展，通过编制土地利用总体规划划定土地利用区；土地的所有者、使用者必须严格按照国家确定的用途利用土地，违反者要受到惩罚的一种土地用途管制制度。

5. 土地利用总体规划：是指根据国家经济和社会发展规划，国土整治和资源环境保护的要求，土地供给能力以及各项建设的需要，对土地进行长期性的、战略性的合理安排和利用的方案和设计。

6. 森林年采伐限额：是指国家根据用材林的消耗量低于生长量的原则，严格控制森林年采伐量所确定的年采伐数额。

7. 采伐许可证制度：是指采伐林木者必须取得采伐许可证后才能进行林木采伐的制度。

8. 能源：是指在一定的经济技术条件下，能够产生为人类所利用的能量的物质。

第六章 仲裁法律制度

本章知识重点提示

- 仲裁的概念
- 仲裁法的基本原则和基本制度
- 仲裁协议的类型
- 仲裁协议的效力及其无效情况
- 仲裁协议的独立性
- 申请撤销仲裁裁决的条件和理由

一、单项选择题

1.《仲裁法》规定仲裁实行一裁终局制度，此处的一裁终局是指（　　）。

A. 当事人就同一纠纷再申请仲裁或向人民法院起诉的，仲裁委员会或人民法院不予受理

B. 对裁决不服的，不得向人民法院起诉

C. 裁决生效后，上级仲裁机关无权撤销原裁决，指定重新裁决

D. 仲裁调解书在送达前不得反悔

2. 仲裁法适用于（　　）。

A. 一切法律主体之间发生的一切纠纷

B. 一切法律主体之间的合同纠纷和其他财产纠纷

C. 平等主体的公民、法人和其他组织之间发生的合同纠纷和其他财产权益纠纷

D. 平等主体之间的民事纠纷

3. 仲裁应当开庭进行，只有（　　）时，仲裁庭可以不开庭而直接作出裁决。

A. 当事人协议不开庭时

B. 案件涉及国家机密的

C. 案情简单、争议不大、数额较小的

D. 仲裁庭认为没有必要开庭审理的

4. 甲乙双方因加工承揽合同发生纠纷，在没有达成仲裁协议的情况下甲方向仲裁机构申请仲裁，仲裁机构已经受理，乙方则向人民法院提起诉讼，法院也已立案。该合同纠纷应由(　　)解决。

A. 仲裁机构　　B. 人民法院

C. 仲裁机构和人民法院协商　　D. 甲乙双方协商确定的处理机关

5. 根据《仲裁法》，下列说法正确的是(　　)。

A. 仲裁委员会的组成人员中，法律、经济贸易专家不得少于二分之一

B. 仲裁委员会应由当事人协议选定

C. 当事人达成仲裁协议后，一方向人民法院起诉的，人民法院应予以受理

D. 仲裁委员会独立于行政机关，与行政机关没有隶属关系，但仲裁委员会之间有隶属关系

6. 关于仲裁委员会的说法，正确的是(　　)。

A. 仲裁委员会是国家机关

B. 仲裁委员会是民间性组织

C. 仲裁委员会受司法机关的领导

D. 仲裁委员会中的专家咨询机构的专家咨询意见，对仲裁委员会有约束力。

7. 甲公司与乙公司合同纠纷一案，甲公司根据合同中的仲裁条款将纠纷提交双方约定的仲裁委员会进行仲裁，在仲裁过程中，甲申请财产保全，即冻结乙公司在银行的存款 80 万元。仲裁委员会对此申请应如何处理？(　　)

A. 将甲公司的申请提交有管辖权的人民法院

B. 责令甲公司提供价值 80 万元的财产担保，否则不将甲的财产保全申请提交人民法院

C. 告知甲公司直接向人民法院申请财产保全

D. 通知银行冻结乙公司的存款

8. 某仲裁机构对甲公司与乙公司之间的合同纠纷进行裁决后，乙公司不履行仲裁裁决。甲公司向法院申请强制执行，乙公司申请法院裁定不予执行。经审查，法院认为乙公司的申请理由成立，裁定不予执行该仲裁裁决。对此，下列哪一种说法是正确的？(　　)

A. 甲公司可以就法院的裁定提请复议一次

B. 甲公司与乙公司可以重新达成仲裁协议申请仲裁

C. 甲公司与乙公司可以按原仲裁协议申请仲裁

D. 当事人不可以再就该纠纷重新达成仲裁协议,此案只能向法院起诉

二、多项选择题

1. 仲裁委员会应在(　　　)设立。

A. 按照行政区划在各地层层设立

B. 根据需要在各省、自治区、直辖市人民政府所在地的市设立

C. 只能在各大、中城市设立,小城市不必设立

D. 根据需要在某些设区的市设立

2. 下列说法,正确的是(　　　)。

A. 仲裁审理,以公开审理为基本原则

B. 当事人一致同意公开审理,仲裁庭必须公开审理

C. 案件涉及国家机密,无论当事人是否同意公开,一律不公开审理

D. 仲裁审理,对当事人、证人、代理人是公开的

3. 有资格成为仲裁员的是(　　　)。

A. 某法学院的法学教授

B. 某法院的助理审判员,担任这一职务 10 年

C. 某律师,从事律师职业 9 年

D. 某从事法律研究工作的副研究员

4. 仲裁协议的法定内容包括(　　　)。

A. 请求仲裁的意思表示　　B. 违约金的约定

C. 仲裁事项　　D. 选定的仲裁委员会

5. 上海甲企业与美国乙公司准备设立合资企业"海悦"百货连锁超市,在协商谈判过程中,双方对"海悦"百货连锁超市的股权分配、出资方式、组织机构的安排等内容进行了约定。甲公司与乙公司签订皮衣买卖合同后,双方又达成与合同有关的一切争议,协商不成,应提交 A 市仲裁委员会仲裁的协议。后因皮衣的质量问题双方发生争议,甲公司向乙公司住所地法院起诉,但未声明仲裁协议,法院受理案件后,乙公司应诉答辩,法院经审理后作出判决责令乙公司承担违约责任。法院作出判决后,乙公司依据仲裁协议向 A 市仲裁委员会申请仲裁。下列哪些说法是正确的?(　　　)

A. 甲公司的起诉行为有效　　　　B. 法院的受理行为有效

C. 法院作出判决的行为有效　　　D. 乙公司申请仲裁的行为有效

6. 2003年10月，食品厂与商场签订一份买卖合同，约定：食品厂每月向商场供应一批食品，合同有效期3年。签订合同后一年内，食品厂按时向商场供应食品，但是后来由于受到外部冲击，食品厂的效益严重下滑，同时由于生产设备老化，导致食品质量下降，导致供应给商场的食品经常遭到消费者的投诉，严重影响了商场的经济效益，为此给商场造成一定经济损失。商场多次与食品厂交涉，但均未就损害赔偿一事达成协议。后经过双方协议，达成将该争议提交某仲裁委员会仲裁的协议。如果商场按照仲裁协议申请仲裁，仲裁委员会受理案件后，下列关于仲裁审理的说法哪些是不正确的？（　　）

A. 仲裁庭应开庭审理，但当事人可以协议选择书面审理

B. 仲裁庭应不公开审理，但当事人可以协议选择公开审理

C. 仲裁庭应公开审理，但当事人可以协议选择不公开审理

D. 仲裁庭可以根据案件的具体情况决定审理方式

7. 2003年10月，食品厂与商场签订一份买卖合同，约定：食品厂每月向商场供应一批食品，合同有效期3年。签订合同后一年内，食品厂按时向商场供应食品，但是后来由于受到外部冲击，食品厂的效益严重下滑，同时由于生产设备老化，导致食品质量下降，导致供应给商场的食品经常遭到消费者的投诉，严重影响了商场的经济效益，为此给商场造成一定经济损失。商场多次与食品厂交涉，但均未就损害赔偿一事达成协议。后经过双方协议，达成将该争议提交某仲裁委员会仲裁的协议。如果商场认为仲裁庭作出的仲裁裁决不公正，其可以用下列哪些理由申请法院撤销该国内仲裁裁决？（　　）

A. 仲裁庭的组成违反法定程序

B. 仲裁裁决依据的证据是伪造的

C. 仲裁裁决适用法律确有错误

D. 仲裁裁决认定事实的主要证据不足

8. 美国A公司与中国B公司在履行合同过程中发生了纠纷。按合同中的仲裁条款，A公司向中国某仲裁委员会提交了仲裁申请。问该仲裁庭的组成可以有哪几种方式？（　　）

A. 由双方当事人各自选定一名仲裁员，第三名仲裁员由当事人共同选定

B. 三名仲裁员皆由当事人共同选定

C. 三名仲裁员皆由当事人委托仲裁委员会主任指定

D. 双方当事人各自选定一名仲裁员，第三名仲裁员由当事人共同委托仲裁委员会主任指定

9. 甲乙两公司因合同争议在某市仲裁委员会进行仲裁。仲裁过程中，首席仲裁员贺某因与案件有利害关系，由甲公司提出回避申请，仲裁委员会主席决定对贺某实行回避。刘某在本案中担任新的首席仲裁员后，仲裁程序如何进行？（　　）

A. 甲公司有权请求已进行的仲裁程序重新进行

B. 乙公司有权请求已进行的仲裁程序重新进行

C. 仲裁庭可以决定已进行的仲裁程序重新进行

D. 仲裁庭可决定已进行过的仲裁程序不重新进行

三、判断题

1. A 公司是一家大型国有企业，现为某仲裁案件的被申请人。在仲裁的审理过程中，该地的国资办领导人多次向仲裁委员会打招呼，要求仲裁庭本着保护国有资产的原则，多给 A 公司以照顾。国资办的做法违背了仲裁的自愿原则。（　　）

2. 仲裁以自愿作为原则，所以即使当事人双方事先有仲裁协议，只要一方事后不愿仲裁，仲裁委员会就无权受理。（　　）

3. 由于仲裁条款只是合同中的一个条款，所以其效力依附于合同的效力。（　　）

4. 一个八岁男孩与他人订立了仲裁协议，则该协议是无效的。（　　）

5. 仲裁协会与其会员即各仲裁机构之间，是领导关系。（　　）

四、名词解释

1. 仲裁协议

2. 或裁或审制度

3. 撤销仲裁裁决

五、案例题

案例 1　房屋所有人甲与前妻生有一女乙。前妻去世后，甲又与丙结

婚，生有丁、戊两个子女。后来甲购买了他现居住的位于某市某路250号的房屋，并进行翻建。乙婚后与丈夫自购房另住，从事服装批发生意。甲去世后，丙、丁、戊仍住在原房，后因戊拟将该处房屋中的一间作为婚房，受到丁的阻挠，双方发生争执，丁与戊经协商，达成仲裁协议，由丁向某市仲裁委员会申请仲裁。另外，乙与丁之间有一份服装买卖合同，在履行中发生纠纷，丁按照双方事先达成的仲裁条款，申请某市仲裁委员会进行仲裁。问：

(1) 对于丁与戊之间的纠纷，仲裁委员是否应予受理？为什么？

(2) 对于乙与丁之间的纠纷，仲裁委员会是否应当受理？为什么？

案例2 甲公司与乙公司签订了一份买卖节能灯的合同。双方在合同中约定：如果发生纠纷，应提交仲裁委员会仲裁。后来，乙公司作为买方提货时发现甲公司提供的货有严重的质量问题，于是向甲公司提出赔偿损失的要求，甲公司不允，双方协商未果。乙公司遂向仲裁委员会申请仲裁，提出申请的时间为8月18日，仲裁委员会于8月28日受理此案，并决定由3名仲裁员组成仲裁庭。甲、乙公司分别选定了一名仲裁员。乙公司作为申请方又委托仲裁委员会主任指定了首席仲裁员。乙公司所选的仲裁员恰好是乙公司上级单位的常年法律顾问。此三名仲裁员公开对此案进行了审理。

问：仲裁委员会在程序上有无不当之处，请指出并说明理由。

参 考 答 案

一、单项选择题

1. A　2. C　3. A　4. B　5. B　6. B　7. B　8. B

二、多项选择题

1. BD　2. CD　3. ACD　4. ACD　5. ABC
6. BCD　7. AB　8. ACD　9. ABCD

三、判断题

1. 错误　2. 错误　3. 错误　4. 正确　5. 错误

四、名词解释

1. 仲裁协议：是指双方当事人自愿将已经发生的或将来可能发生的纠

纷提交仲裁机构进行裁决的共同的意思表示。

2. 或裁或审制度：是指争议发生前或发生后，当事人有权选择解决争议的途径，或者双方达成仲裁协议，将争议提交仲裁解决，或者争议发生后向人民法院起诉，通过诉讼途径解决争议。

3. 撤销仲裁裁决：是指对于符合法律规定的仲裁裁决，经由当事人提出申请，人民法院组成合议庭审查核实，裁定撤销仲裁裁决的行为。

五、案例题

案例1　答：(1) 对于丁与戊之间的纠纷，仲裁委员会不予受理。

根据我国《仲裁法》的规定，下列纠纷不属于仲裁的范围：① 婚姻、收养、监护、扶养、继承纠纷；② 依法应当由行政机关处理的行政争议。

本题中丁与戊之间的纠纷，是因继承遗产而产生的纠纷，根据《仲裁法》的规定继承纠纷不属于仲裁范围，所以仲裁委员会作出的不予受理的决定是正确的。

(2) 对于乙与丁之间的纠纷，仲裁委员会应当受理。

因为《仲裁法》明文规定了仲裁机构的仲裁范围，即"平等主体的公民、法人和其他组织之间发生的合同纠纷和其他财产权益纠纷，可以仲裁。"

本题中乙与丁之间的纠纷，属于典型的合同纠纷，所以应当受理。

案例2　答：(1) 本案中仲裁委员会从收到申请书到受理申请之间间隔的时间，违反程序。

《仲裁法》第24条规定，仲裁委员会应在收到仲裁申请书之日起5日内作出受理或不受理的决定。本案的间隔时间已经有10天了，显然不合法。

(2) 选定仲裁员的方法是错误的。

《仲裁法》第31条规定，当事人应当各自选定或者各自委托仲裁委员会主任指定1名仲裁员。第三名仲裁员由当事人共同选定或共同委托仲裁委员会主任指定。

本案中，乙公司独自委托仲裁委员会主任指定首席仲裁员的做法是违背程序的。

(3) 仲裁员没有申请回避。

《仲裁法》第34条第3项规定，与本案当事人有其他关系，可能影响公正仲裁的仲裁员，应当申请回避。

而本案中，乙公司选定的仲裁员是自己上级单位的常年法律顾问，属于这一情形，当事人虽然没有申请回避，仲裁员也应自行回避。

(4) 仲裁不应公开进行。

《仲裁法》第 40 条规定，仲裁不公开进行。当事人协议公开的，可以公开进行，但涉及国家秘密的除外。

本案中，当事人没有协议公开审理，但仲裁庭却将该案公开审理，这一做法显然违反法律规定。

模拟试题一

一、单项选择题(每小题1分,计10分,每题只有一个正确答案,多选、错选均不得分)

1. 准确了解“经济法”这一概念的关键在于(　　)。

A. 明确经济法的特定调整对象　　B. 明确经济法的体系与渊源

C. 明确经济法的制定与实施　　D. 明确经济法的主体

2. 经济法律关系三要素中,经济法律关系的核心是(　　)。

A. 经济法律关系的主体　　B. 经济法律关系的客体

C. 经济法律关系的内容　　D. 经济法律关系的主体和客体

3.《个人独资企业法》适用于(　　)。

A. 由一个自然人投资设立的企业

B. 由一个外国人投资设立的企业

C. 由一个社会团体投资设立的企业

D. 由国家独立投资的企业

4. 中外合作经营企业是(　　)。

A. 外国企业　　B. 股权式企业

C. 合伙型企业　　D. 契约式企业

5. 中外合资经营企业的注册资本中,外国合营者的投资比例一般不低于(　　)。

A. 25%　　B. 30%

C. 50%　　D. 51%

6. 根据我国法律的规定,公益性项目的投资由(　　)。

A. 各级政府承担　　B. 银行承担

C. 专业投资公司承担　　D. 自筹资金

7. 财政管理体制的核心是(　　)。

A. 税收管理体制　　B. 企业财务管理体制

C. 行政事业管理体制　　D. 预算管理体制

8. 区别不同税种的主要标志是(　　)。

A. 纳税主体　　B. 征税对象

C. 平均税率　　D. 累进税率

9. 按照基本税率,纳税人销售货物,其增值税税率为(　　)。

A. 6%　　B. 10%

C. 13%　　D. 17%

10. 商业银行具有独立的民事权力能力和民事行为能力,依法自主经营、自负盈亏,以其(　　)独立承担民事责任。

A. 全部法人财产　　B. 自有资产

C. 注册资本　　D. 净资产

二、多项选择题(每小题 2 分,计 20 分,每题均有两个或两个以上正确答案,多选、少选、错选均不得分)

1. 经济法律事实中的行为包括(　　　)等。

A. 国家管理机关的行政执法行为

B. 司法机关的司法行为

C. 仲裁机构的仲裁行为

D. 社会组织和其他经济实体的经济行为

2.《合伙企业法》所调整的合伙是(　　　)。

A. 有限合伙　　B. 普通合伙

C. 相对合伙　　D. 合伙联营

3. 合伙企业的合伙人可以出资的方式有(　　　)。

A. 实物　　B. 知识产权

C. 劳务　　D. 土地使用权

E. 货币

4. 以股东对公司所负责任为基础,公司可以分为(　　　)。

A. 无限责任公司　　B. 两合公司

C. 有限责任公司　　D. 股份两合公司

E. 股份有限公司

5. 下列有关有限责任公司的说法正确的是(　　　)。

A. 股东可以向股东以外的人转让出资

B. 股东在公司登记后,不能抽回出资

C. 股东向股东以外的人转让出资，必须征得全体股东的同意

D. 股东向股东以外的人转让出资，在同等条件下，其他股东有优先购买权

E. 股东不得转让出资

6. 自人民法院受理破产申请的裁定送达债务人之日起至破产程序终结之日，债务人的有关人员承担下列义务(　　　　)。

A. 妥善保管其占有和管理的财产、印章和账簿、文书等资料

B. 根据人民法院、管理人的要求进行工作，并如实回答询问

C. 列席债权人会议并如实回答债权人的询问

D. 未经人民法院许可，不得离开住所地

E. 不得新任其他企业的董事、监事、高级管理人员

7. 法定的国有资产评估程序为(　　　　)。

A. 申请立项　　　　B. 资产清查

C. 评定估算　　　　D. 验证确认

8. 我国现行税率有(　　　　)。

A. 比例税率　　　　B. 累进税率

C. 等值累进税率　　　　D. 定额税率

9. 我国商业银行的负债业务包括以下(　　　　)业务。

A. 发行金融债券　　　　B. 存款业务

C. 向中央银行借款　　　　D. 同业拆出

10. 中国人民银行认为商业银行出现危机时，可以决定对其进行接管，并组织实施，接管的条件有(　　　　)。

A. 商业银行不能支付到期债务

B. 商业银行因不能支付丧失信用

C. 商业银行因不能支付严重危害了存款人的利益

D. 商业银行贴现的票据不能被其他银行再贴现

三、判断题(每小题1分，计10分，不需要说明理由，请在命题后面直接判断"正确"或者"错误")

1. 经济法的主体范围具有多样性的特征，凡可以成为经济法主体者，也可以成为民法的主体。(　　)

2. 出资证明书是有限责任公司股东出资的凭证，它属于有价证券，可

以流通。( )

3. 股份有限公司的章程的制定者为发起人,而不是公司全体股东。( )

4. 增值税的纳税主体是在我国境内销售货物或者提供各种劳务以及进口货物的单位和个人。( )

5. 在中华人民共和国境内提供劳务缴纳增值税,转让无形资产或者销售不动产缴纳营业税。( )

6. 背书人在汇票上记载"不得转让"字样,其后手再背书转让的,原背书人对后手的被背书人不承担保证责任。( )

7. 综合类证券公司与经纪类证券公司均可从事证券的自营业务。( )

8. 目前我国的价格形式包括政府指导价和市场定价两种。( )

9. 对本单位的会计工作和会计资料的真实性、完整性负责的单位负责人是指会计机构的负责人。( )

10. 合同当事人违约,但未给对方当事人造成损失的,可以不支付违约金。( )

四、名词解释(每小题 3 分,计 15 分)

1. 上市公司
2. 股份有限公司的募集设立
3. 预算调整
4. 营业税
5. 内幕交易

五、论述题(计 17 分)

试述我国中外合资经营企业与中外合作经营企业的异同

六、案例题(计 28 分)

案例 1(12 分) 2003 年 10 月赵刚在广州某公司购买一台重庆某公司生产的山花牌电热淋浴器和一台上海某公司生产的山水牌漏电保护器。赵刚在家中安装了该两件电器。11 月 14 日晚,赵刚在使用该淋浴器时,突然被按键漏电击中,整个右手烧伤,送医院抢救,被截除小拇指。赵刚先与广州某公司交涉，要求赔偿。广州某公司声称：责任应该由生产者承担，自己并无过错，拒绝赔偿。赵刚于是向法院提起诉讼，要求广州某公司、重庆某公司和上海某公司赔偿损失，承担连带责任。广州某公司辩称：该电热淋浴器只属于本公司销售，赔偿责任应该由生产者承担，与销售者无关；重庆某公司辩称：本公司生产的产品符合国家标准，以往从未发生过产品质量责任事故，事故可能是由于上海某公司的漏电保护器失灵所致；上海某公司辩称：赵刚违反有关说明书的警示说明，违反安装说明，擅自安装超大功率电器，以致使漏电保护器失灵，酿成事故，但自己生产的保护器失灵亦不至于造成电器伤人，重庆某公司的产品存在质量问题。经查：淋浴器的制造工艺存在缺陷，特定情况下开关按键可能漏电；

漏电保护器已经烧毁无法鉴定，但对同样产品检测未发现问题；赵刚在安装时未按照上海某公司的说明书正确安装以致漏电保护器不能正常工作。试问：

(1) 广州某公司作为销售者是否应承担责任，对赵刚的损害予以赔偿？(1 分)为什么？(2 分)

(2) 重庆某公司作为生产者承担什么责任？(1 分)为什么？(2 分)

(3) 上海某公司是否要承担责任？(1 分)为什么？(2 分)

(4) 赵刚有无过错？(1 分)对本案产生什么影响？(2 分)

案例 2(16 分) 甲、乙、丙三人欲成立一普通合伙企业。三人约定出资比例为 2∶3∶5。因流动资金不足，合伙企业以企业一辆汽车质押向丁借款 2 万元。合伙人甲在把汽车交付丁的途中，因疏忽大意撞伤行人 A，需住院费 1 万元。

另该合伙企业和 B 公司签订了一份 10 万元的买卖合同，合同约定：定金 3 万元，违约金 2 万元。合同订立后，B 公司按约定支付了 3 万元定金。后合伙企业没有履行合同，B 公司损失 2 万元。请问：

(1) 如果合伙人丙在一次意外事故中死亡，则其在合伙企业中的份额应如何处理？(4 分)

(2) 被撞伤的 A 住院费 1 万元费用应由谁承担？(2 分)理由是什么？(2 分)

(3) B 根据合伙企业与公司签订的买卖合同，在合伙企业违约的情况下，B 公司最多能从合伙企业中要回多少违约赔款？(2 分)说明理由

（2 分）。

（4）如果 B 公司没有损失，B 公司最多能从合伙企业中要回多少赔款？（2 分）说明理由（2 分）。

模拟试题一参考答案

一、单项选择题（每题 1 分，计 10 分）

1. A　2. C　3. A　4. D　5. A　6. A　7. D　8. B　9. D　10. A

二、多项选择题（每题 2 分，计 20 分）

1. ABCD　2. AB　3. ABCDE　4. ABCDE　5. ABD　6. ABCDE　7. ABCD　8. ABD　9. ABC　10. ABC

三、判断题（每题 1 分，计 10 分）

1. 错误　2. 错误　3. 正确　4. 错误　5. 错误　6. 正确　7. 错误　8. 错误　9. 正确　10. 错误

四、名词解释（每题 3 分，计 15 分）

1. 上市公司：是指所发行的股票经国务院授权证券管理部门批准在证券交易所上市的股份有限公司。

2. 股份有限公司的募集设立：是指由发起人认购公司应发行股份的一部分，其余部分向社会公开募集而设立公司的一种设立方式。

3. 预算调整：是指以全国人民代表大会批准的中央预算和经地方各级人民代表大会批准的本级预算，在执行中因特殊情况需要增加支出或者减少收入，使原批准的收支平衡的预算的总支出超过总收入，或者使原批准的预算中举借债务的数额增加部分变更。

4. 营业税：是指以工商营利单位和个人商品销售收入额、提供劳务发生的营业额为征税对象的一种税。

5. 内幕交易：是指证券交易内幕信息的知情人员（内幕人员）利用内幕信息自己或者建议他人买卖证券的行为。

五、论述题(17 分)

回答要点：1. 概念(每个概念各 2 分)

2. 两者相同点(每点 1 分)

第一,企业一方是中方合作(营)者(可以是公司、企业和其他经济组织)另一方是外方合作(营)者(可以是公司、企业、其他经济组织和个人)。

第二,双方共同投资,共同经营,利润共享,风险共担。

第三,都是中国企业,必须遵守中国法律,受中国法律管辖。

3. 不同点(以下每点 2 分)

第一,企业性质不同：合营企业是股权式企业,合作企业是契约式企业；

第二,企业组织形式不同：合营企业只能是有限责任公司形式,而合作企业可以是有限责任公司形式,也可以是法律规定的其他形式；

第三,企业组织机构不同：合营企业中,董事会是最高权力机构,实行董事会领导下的总经理负责制,而合作企业的最高权力机构可以是董事会、联合管理委员会或者委托第三方管理；

第四,企业利润分配方式不同：合营企业按照各方投资比例进行利润分配,而合作企业则按照各方在合作合同中的约定进行利润分配；

第五,关系投资收回方面的约定不同：合营企业中,外方不能先行收回投资,而在合作企业中,外方可以先行收回投资。

六、案例题

案例 1 (12 分)

(1) 广州某公司作为销售者,应该承担责任。(1 分)因为该责任属于产品缺陷责任,作为销售者和生产者都有义务承担责任。(2 分)

(2) 重庆某公司作为生产者,应该承担产品缺陷责任。(1 分) 因为该责任属于产品缺陷责任,生产者有义务承担责任。(2 分)

(3) 上海某公司不需要承担责任。(1 分)因为从对同样产品检测结果来看,未发现问题。所以推定上海某公司的产品不存在质量问题,所以不承担责任。(2 分)

(4) 赵刚有过错。(1 分)因为他的过错,可以适当减轻生产者和销售者的赔偿责任。(2 分)

案例 2 (16 分)

(1) 有遗嘱的,依遗嘱继承,没有遗嘱时,由其法定继承人继承。(2 分)

但其继承人并不当然成为合伙人，如其他合伙人同意则可以成为合伙人，如不同意则应将其遗产从合伙财产中分出。（2 分）

（2）由合伙企业承担（2 分）因为甲是由于合伙企业事务而开车向丁交车，并非为个人事务。（2 分）

（3）7 万元。（2 分）定金 2 万元双倍返还，加上多交的 1 万元定金和 B 公司的 2 万元损失，一共是 7 万元。（2 分）

（4）5 万元。（2 分）定金 2 万元双倍返还，加上多交的 1 万元定金，共 5 万元（2 分）

模拟试题二

一、不定项选择题(每小题 2 分,每题均有一个或一个以上的正确答案,多选、少选、错选均不得分,计 30 分)

1. 我国经济法的基本原则主要有:(　　　)。

A. 正当干预原则　　　　B. 谨慎干预原则

C. 有序竞争原则　　　　D. 有效竞争原则

2. 我国《公司法》关于有限责任公司的出资规定有:(　　　)。

A. 公司全体股东的首次出资额不得低于注册资本的百分之二十

B. 公司注册资本实行实缴制

C. 公司全体股东的货币出资额不得低于注册资本的百分之三十

D. 股东可以用水果、鸡蛋等实物出资

3. 依据《合伙企业法》的规定,以下哪种方式的退伙是退伙人在满足一定条件之下才能退伙的。(　　　)

A. 自愿退伙　　　　B. 协议退伙

C. 法定退伙　　　　D. 除名退伙

4. 个人独资企业与一人有限公司的区别在于(　　　)。

A. 企业形式不同

B. 对企业债务承担责任的形式不同

C. 企业名称不同

D. 出资方式不同

5. 中外合资经营企业的董事会董事的任期为:(　　　)。

A. 3 年　　　　B. 4 年

C. 5 年　　　　D. 2 年

6. 关于商业银行,以下概念正确的是:(　　　)。

A. 商业银行的组织形式可以是有限责任公司

B. 商业银行是以营利为目的的企业法人

C. 可以经营国家黄金储备

D. 可以从事再贴现业务

7. 按照我国《票据法》的规定，票据上必须记载的事项为：（　　）。

A. 确定的金额　　B. 收款人名称

C. 无条件支付的委托　　D. 出票日期

8. 我国证券发行的种类有：（　　）。

A. 公募发行　　B. 私募发行

C. 直接发行　　D. 间接发行

9. 河南某商厦开展有奖销售活动，其公告中称：本次活动分两次抽奖；第一次一等奖 15 名，各奖海尔冰箱一台（价值 4 900 元），第二次一等奖 7 名，奖长虹电视一台（价值 3 300 元）；第一次获奖者还可参加第二次抽奖。对此事的以下判断中，何者为正确？（　　）

A. 是不是不正当有奖销售，应取决于最后抽奖后抽奖结果是否出现一人连续两次中一等奖的情况

B. 可以两次开奖，因为每次的最高奖励额未超过 5 000 元，属正当有奖销售

C. 可以两次开奖，但最高奖的总值不得超过 5 000 元，该商厦构成不正当有奖销售

D. 开奖不允许分两次进行，该商厦构成不正当有奖销售

10. 要约内容的哪些变更，构成对要约内容的实质性变更？（　　）

A. 合同标的的变更

B. 合同履行期限的变更

C. 合同履行地点和方式的变更

D. 争议解决方法的变更

11. 依据我国《商标法》的规定，以下哪类商标需实行强制注册（　　）。

A. 宠物药品　　B. 人用药品

C. 烟草制品　　D. 保健食品

12. 以下广告受《广告法》调整的是：（　　）。

A. 商业广告　　B. 公益广告

C. 节目广告　　D. 推销化妆品的广告

13. 以下自然资源可以属于集体所有的是：（　　）。

A. 矿藏　　B. 森林

C. 水流　　D. 荒地

14. 甲、乙、丙、丁四位借款人，他们的借款期限分别为 6 个月、1 年、36 个月和 50 个月。在借合同中均未约定利息支付期。则下面哪项是正确的？（　　　）

A. 甲应在返还借款时一并返还利息

B. 乙应在满 6 个月和满 12 个月时分别支付利息

C. 丙应分别于满 12 个月、24 个月、36 个月时支付利息

D. 丁应分别于满 12 个月、24 个月、36 个月和 50 个月时支付利息

15. 在中外合作经营企业中，是否允许外商先行回收投资？（　　　）

A. 完全允许

B. 完全不允许

C. 允许，但必须符合法定的条件

D. 允许，只要合作方双方同意就行

二、判断正误并说明理由（每小题 5 分，先判断正误 2 分，再说明理由 3 分，命题不论正误都必须说明理由，计 20 分）

1. 农民购买农田用农药的行为不属于为生活消费需要购买商品，因此不适用《消费者权益保护法》。

2. 我国内外资企业缴纳的企业所得税的税率是不一样的。

3. 凡是记名票据都可以通过背书的方式转让。

4. 违约责任只有在当事人存在主观过错的情况下才承担。

三、论述题（计 15 分）

试论述专利实施强制许可的法定情形

四、案例题（计 35 分）

案例 1（10 分） 某一中国公民，2006 年度从中国境内取得工资、薪金收入 6 000 元，取得股息收入 3 000 元；同年还获得省人民政府发放的科技进步奖奖金 5 000 元。请计算该纳税人 2006 年应纳个人所得税税额？

案例 2（12 分） 甲厂向乙大学去函表示："我厂生产的 x 型电教室耳机，每副 50 元。如果贵校需要请与我厂联系。"乙大学回函："我校愿向贵厂订购 x 型电教室耳机 1 000 副，每副单价 50 元，但请在耳机上附加一个音量调节器。"两个月后，乙大学收到甲厂发来的 1 000 副耳机，但这批耳机上

没有音量调节器，于是乙大学拒收。

问：(1) 乙大学回函的性质？(4 分)

(2) 乙大学是否违约？(3 分)为什么？(5 分)

案例 3(13 分) 刘某自筹经费，利用业余时间试制出“冰柜控温器样机”。后在单位未下达任务的情况下，刘某邀请同科室王某、朱某等两人组成试制小组，在样机的基础上最终研制出“冰柜电子控温器”这一实用性产品。其后，刘某所在单位以职务发明向专利局申请专利。但刘某认为该发明不是职务发明，同时认为其妻陈某在试制过程中从事了辅助研究工作，陈某也应是发明人。

问：(1) 该“冰柜电子控温器”实用性产品是否属于职务发明？(3 分)为什么？(4 分)

(2) 陈某能不能作为发明人？(2 分)为什么？(4 分)

模拟试题二参考答案

一、不定项选择题(每小题 2 分)

1. A B C D　2. A C D　3. A C D　4. A B C D　5. B
6. A B　7. A D　8. A B C D　9. B　10. A B C D　11. B C
12. A D　13. B D　14. A　15. C

二、判断正误说明理由(每小题 5 分，判断 2 分，理由 3 分)

1. 错误。(2 分)

理由：根据我国《消费者权益保护法》规定，农民购买、使用直接用于农业生产的生产资料时，参照《消费者保护法》执行。(2 分)所以该购买行为适用《消费者权益保护法》。(1 分)

2. 错误。(2 分)

理由：从 2008 年 1 月 1 日起我国内外企业缴纳的企业所得税税率统一为 25%。(3 分)

3. 错误。(2 分)

理由：依我国《票据法》的规定：如票据上标明票据“不得转让”的，则该票据为不可转让的票据，(2 分)即使权利人背书转让该票据的，该转让行为无效(1 分)

4. 错误。(2 分)

理由：违约责任实行无过错责任原则，只要有违约行为，且无法定的免责事由，违约人无论主观上有无过错都需承担违约责任。(3 分)

三、论述题(计 15 分)

答题要点：1. 具备实施条件的单位以合理的条件请求发明或者实用新型专利权人许可实施其专利，而未能在合理长的时间内获得这种许可时，(3 分)国务院专利行政部门根据该单位的申请，可以给予实施该发明专利或者实用新型专利的强制许可。(3 分) 2. 在国家出现紧急状态或者非常情况时，(2 分)或者为了公共利益的目的，国务院专利行政部门可以给予实施发明专利或者实用新型专利的强制许可。(2 分) 3. 一项取得专利权的发明或者实用新型比前已经取得专利权的发明或者实用新型具有显著经济意义的重大技术进步，(2 分)其实施又有赖于前一发明或者实用新型的实施的，国务院专利行政部门根据后一专利权人的申请，可以给予实施前一发明或者实用新型的强制许可。(3 分)

四、案例题(计 35 分)

案例 1 (10 分)

(1) 月工资、薪金所得＝60 000 元÷12 个月＝5 000 元 (2 分)

(2) 月工资、薪金收入应纳税额＝(5 000－1 600)×15%－125(速算扣除数)＝385 元 (3 分)

(3) 股息收入应纳税额＝3 000×20%＝600 元 (2 分)

(4) 省人民政府发的科技进步奖奖金 5 000 元属于免税项目，所以不缴纳个人所得税 (2 分)

(5) 该中国公民 2006 年全年应纳个人所得税总额为：385×12＋600＝5 220元 (1 分)

案例 2 (12 分)

(1) 乙大学的回函为新的要约。(2 分)《合同法》规定：受要约人对要约内容作出实质性变更的，为新要约。由于乙大学在回函中对原要约中的内容作出了修改，因涉及合同的标的，故这一变更为实质性的变更，该回函则不是承诺，而是新的要约。(2 分)

(2) 乙大学不构成违约。(3 分)因为乙大学发出新的要约之后，甲厂未就此作出明确的承诺，并且甲厂的发货行为并不符合新的要约的内容，(3分)甲乙双方并未达成合意，合同没有成立，因此乙大学不构成违约。(2分)

案例3 (13分)

(1) 该产品属于非职务发明。(3分)因其不是在本职工作中作出的发明创造，(1分)也不是履行本单位交付的本职工作以外的任务所完成的发明创造，(2分)在研制过程中，也没有利用单位的物质技术条件。(1分)

(2) 陈某不是共同发明人。(2分)发明人是对发明创造的实质性特点作出创造性贡献的人，(2分)陈某只是科研辅助人员，(1分)并未对发明创造的实质性特点作出创造性贡献，因此不是共同发明人。(1分)

图书在版编目(CIP)数据

经济法概论习题集/焦娇主编. —上海：复旦大学出版社，2008.2（2021.8 重印）
ISBN 978-7-309-05919-9

Ⅰ. 经… Ⅱ. 焦… Ⅲ. 经济法-中国-高等学校-习题 Ⅳ. D922.29-44

中国版本图书馆 CIP 数据核字(2008)第 010702 号

经济法概论习题集
焦 娇 主编
责任编辑/李 峰

复旦大学出版社有限公司出版发行
上海市国权路 579 号 邮编：200433
网址：fupnet@fudanpress.com http://www.fudanpress.com
门市零售：86-21-65102580 团体订购：86-21-65104505
出版部电话：86-21-65642845
大丰市科星印刷有限责任公司

开本 787×960 1/16 印张 13.75 字数 221 千
2008 年 2 月第 1 版 2021 年 8 月第 21 次印刷
印数 50 201—51 210

ISBN 978-7-309-05919-9/D·362
定价：45.00 元
